普天之下・盡是好書

普天出版家族
Popular Press Family

淩雲文創
A-Plus Creative Company

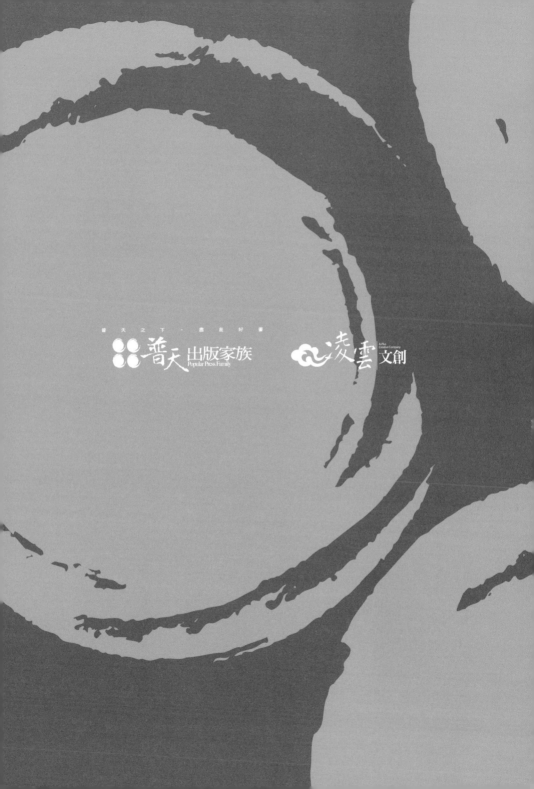

Thick Black Theory

厚黑學

你不能不知道的生存厚黑法則

完全使用手冊

Thick Black Theory

Thick Black Theory is a philosophical treatise written by Li Zongwu, a disgruntled politician and scholar born at the end of Qing dynasty. It was published in China in 1911, the year of the Xinhai revolution, when the Qing dynasty was overthrown.

處世智慧篇

英國作家哈兹里特曾說：

「虛偽和裝傻當然時時出現在我們的週遭，你可以告訴我世上哪裡沒有虛偽和裝傻？」

雖然「表裡不一」有些虛偽，但是，活在爾虞我詐的人性叢林裡，有時候，我們卻不得不勉強自己說些言不由衷的場面話。要是不懂得在適當時機「口是心非」，非但會讓自己的人生道路窒礙難行，甚至還會惹禍上身。

Thick Black Theory is a philosophical treatise written by Li Zongwu, a disgruntled politician and scholar born at the end of Qing dynasty. It was published in China in 1911, the year of the Xinhai revolution, when the Qing dynasty was overthrown.

王照 編著

【出版序】

現實很殘酷，你必須學點厚黑心術

·王　照

人不能只有小聰明，卻沒有大智慧；厚黑學不是教你賣弄聰明、耍奸玩詐，而是教你借用別人的能力，快速達成自己的目的。

現實很殘酷，想在慘烈的人性戰場存活，就必須學點厚黑心術，才能借用別人的能力，快速達成自己的目的。

用點手腕、使點手段，掌握一些厚黑技巧，往往是讓問題迎刃而解的最佳捷徑，同時也是現代人求生自保必備的智慧。

就本質來說，智慧和厚黑的內容是相同的，只不過是同一種應對模式的正反說法，岳飛用的時候，我們稱之爲智慧，秦檜用的時候，我們叫它厚黑。

古往今來的歷史經驗與生活教訓告訴我們：成功的秘訣就是智慧。唯有智慧才能使人脫胎換骨，也唯有智慧才能改變人生！

諸葛孔明向來被視爲智慧的化身，英姿煥發，才智溢於言表，手執羽扇頭戴綸巾，談笑間敵艣灰飛煙滅，何其瀟灑自如！他靠的是什麼？答案是智慧。

《西遊記》中的齊天大聖孫悟空護送唐僧前去西天取經，歷經九九八十一難，上天入地，翻江倒海，橫掃邪魔，滅盡妖孽，何其威風暢快，激動人心！貫穿整部《西遊記》的是什麼？答案還是智慧。

許多世界知名將領身經百戰，洞察敵謀，所向披靡，締造一頁頁傳奇。他們何以能叱吒風雲，在險惡的戰場屢建奇功？靠的還是鬥智不鬥力的智慧。

拿破崙橫掃歐洲大陸，如入無人之境；愛迪生一生發明無人能出其右，廣爲世人稱道，原因都在於他們懂得搭建通向成功的橋樑，擁有打開智慧寶庫的鑰匙。

當你前途茫茫、命運乖舛，輾轉反側卻不得超脫的時候，你需要智慧；當你面臨群丑環伺，想要擺脫小人糾纏之時，你需要智慧。

在你身陷絕境，甚至大禍迫在眉睫之際，想要化險爲夷、反敗爲勝，你需要智慧；在你萬事俱備只欠東風的時候，如何把握機稍縱即逝的良機，你需要智慧。在你身處險境、危機四伏時，想躲避來自四面八方的暗箭，你需要智慧；在你春風得意馬蹄疾揚的時候，如何不致中箭落馬，更需要智慧。

在十倍速變化的世紀裡，古人所說的「離散圓缺應有時，各領風騷數百年」景況將不復出現，一個人的影響力、穿透力至多只能維持數十年。

我們當中，只有極少部分的人能靠著智慧和不斷自我砥礪，而獲得通往成功的通行證，絕大多數的人都將繼續在失敗的泥沼中跋涉，最後慘遭時代吞噬。

更殘酷地說，從來沒有一個世紀是愚騃無知之徒的世紀——他們充其量不過是歷史煙塵中庸碌的過客，或者任由豺狼宰割的羔羊；他們想擁抱時代，時代卻無情地吞噬、遺棄、嘲弄他們。

無疑的，二十一世紀是智者通贏的世紀，我們既面臨空前無情的挑戰，同時也面臨曠世難遇的機遇。

失意、落敗、悲哀無可避免地會降臨在那些愚騃懵懂、儒弱無能的人身上，這些人將成為時代的棄兒，被遺棄在歷史的垃圾堆。

成功的機遇則會擁抱那些充滿智慧、行事敏捷、勇於進取的人；唯有這些人方能成爲時代的驕子，分享新世紀的光輝和榮耀。

洛克維克曾經寫道：「狼有時候也會保護羊，不過那只是為了便於自己吃羊。」

在這個誰低下脖子，誰就會被人當馬騎的年代裡，如果想要生存下去，就要具備厚黑的智慧，既要通曉人性的各種弱點，又要懂得運用爲人處世的技巧。

本書要教導讀者的，就是在人性叢林中成功致勝的修身大法。內容包含兩個層面，一是自我素質的快速提昇，透過吸收書中列舉的借鏡與知識，累聚各式各樣必備的智慧，增進自身的涵養；一是徹底摸清人性，修習爲人處世的技巧，運用機智、適當的手腕，適時發揮本身所具備的才能。

這兩者正是獲得成功的最重要因素，也是決定性的因素。

人不能只有小聰明，卻沒有大智慧；厚黑學不是教你賣弄聰明、耍奸玩詐，而是教你看穿人性、修練人生。如果你不懂得厚黑學，不懂得洞悉別人如何耍弄心機，那麼永遠都只會是人性戰場上的輸家。

01. 用蠻力，不如用腦力

人的智慧是老天賜給我們最大的禮物，若棄之不用，就像是沒有蠟燭的燈籠，失去了存在的意義。

02. 冷靜面對，才能解決問題

能夠成功化危機為助力的關鍵，在於沒有讓當下的負面局勢影響了自己的判斷與處理能力，達成的先決條件，就是「冷靜」。

03.

循循善誘，才能讓頑石點頭

才人亦如良馬一般桀驁不馴，斷不能用平常的方式來馴服，而是應該放下身段，以靈活柔軟的態度來包裝諄諄善意。

04. 不要讓負面情緒在心中堆積

每天都生氣的人不一定活得快樂，但憤怒確實需要排解的管道與方法，忍氣吞聲絕非好事，這是每個心理醫生都會同意的說法。

05. 適可而止，就不會畫蛇添足

並不是增添無謂的東西就能展現自己的才氣，懂得適可而止、恰到好處的價值，才能體現出我們應有的見識與水準。

06. 在關鍵時刻做最正確的取捨

對待身外之物應該抱持著「難捨能捨，難得能得」的態度，若不勇於捨棄，便無法得到我們想要的成果，不是嗎？

07.

心態持平，才能做出正確決定

人們常常因為喜愛、輕率，而將現實美化與理想化。因此，在做出任何決定之前，我們都應該提醒自己，慎重，再慎重。

08. 弄不清真相，會吃虧上當

就是因為人們不求甚解，一廂情願地相信一些神棍、騙子的話，才會到了科學昌明的現在，還是有那麼多人上當。

09.

放鬆心情，讓腦袋更有彈性

我們應該給自己的頭腦更多新的刺激，讓它更靈活、更有彈性，而不是用過去的思維模式將自己綁住。

10. 煩惱太多只會影響正常生

自己現在煩惱到睡不著的狀況，是多麼的愚蠢！千萬別讓很久以後的事或是不知道會不會發生的事影響了你的生活。

01

用蠻力，不如用腦力

人的智慧是老天賜給我們最大的禮物，
若棄之不用，
就像是沒有蠟燭的燈籠，
失去了存在的意義。

摸清對方脾氣，自然事事順利

要了解一個人，必先得加以「觀察」，聽其言、觀其行，如此才能有更深一步的認識，並拿捏出最適宜的相處模式與分寸。

西方有句俗諺說：「要讓狗聽話，就要順著牠的毛摸。」不管是看來一臉兇狠、生人勿近的狼狗，還是嬌小玲瓏、乖巧可愛的迷你犬，只要順著這些狗的毛溫柔地撫摸，牠們都會對你言聽計從。

人不是狗，不過要讓人聽話，也非得順著人的「毛」來安撫不可。說穿了，所謂的「毛」，指的就是脾氣。

人雖然沒有毛，卻有不同的脾氣，想要他人順你的意走，首先得摸清對方的脾氣。

北宋著名政治家王安石的夫人是個有潔癖的人，整天都忙碌地四處打轉，不停地指揮著下人們擦拭清掃，家中每一個角落都必須保持一塵不染，否則，她便會大發脾氣。除此之外，夫人自己更是每天洗手十幾回，洗澡兩次，無論春夏秋冬，衣服一律半天一換，簡直到了病態地步。

更甚者，連下人和王安石的習慣她也要干涉，看到他們的衣服、鞋襪不乾淨，她便怒氣沖天，為此，王安石經常和她爭執，可是夫人仍舊不改風格。下人們全都害怕這位有潔癖的夫人，每個人都巴不得能離她遠一點。

這年，王安石變法失敗，只得辭官回家鄉養老。不久，兩個官差來到王安石家，對管家說，王大人為官期間曾向江寧府借了一張藤床，如今王大人既已卸任，按規定這藤床也要歸公才是。

管家一聽，頓覺相當苦惱，藤床在夫人那裡，夫人又是個愛貪圖小便宜的人，肯定不會輕易交還的。

官差走後，管家坐立不安，不住地盤算各種方法。他在王家待了好多年，清楚記得有好幾次夫人拿了官府的東西，人家來追討，她都厚著臉皮把來者轟出去，這次該怎麼辦呢？

管家一連幾天心神不寧，仍想不出什麼好主意，只好一五一十對王安石說了實話。王安石知道自己夫人的脾氣，於是不慌不忙地回答道：「別急，我會把藤床要回來。」

一天清早，王安石見夫人剛剛起床，正在梳妝，便光著腳下床，跳上了藤床。過了一會兒，夫人梳妝已畢，回頭竟看見丈夫光著腳丫躺在藤床上，還把床弄得亂七八糟，氣得一邊大罵王安石，一邊對屋外大喊：「這麼髒的東西，快來人給我抬出去，從今以後都不准放在我屋裡。」

於是，管家順利地將藤床還給了江寧府衙。

王安石的夫人雖然有愛貪小便宜的毛病，但潔癖更爲嚴重，王安石就是抓準這一點，不費吹灰之力便達到了自己的目的，眞可說是「用蠻力不如用腦力」的最佳典範了。

每個人有不同的個性、不同的脾氣。對同樣的人，可能會產生極端的兩種評價，或許有人覺得某某人很有原則，但看在另一方眼中卻是「難搞」，爲何會有這麼大的落差？差別就在於對這個人的習性、脾胃是否了解，又了解多少。

要了解一個人，必先得加以「觀察」，聽其言、觀其行，如此才能有更深一步的認識，並拿捏出最適宜的相處模式與分寸。

舉例來說，面對一個小氣的人，務必把彼此的帳算清楚；面對一個對朋友慷慨大方的人，與他錙銖必較，反而易傷了和氣。

用相同的態度去面對脾氣不同的人，肯定會產生不同的結果。

人與人之間的相處沒有所謂「絕對」，若想讓彼此的相處更愉快，那麼一定要對對方有相當程度的了解。

更進一步說，希望讓他依你的意思辦事，更是必須把對方的個性徹底摸透。

忠言逆耳，但仍要虛心接受

英國學者培根曾說：「最能保人心神健康的預防藥，就是朋友的忠告勸諫。」規勸他人不容易，接受他人忠告的雅量更難培養。

清初學者唐甄有句名言：「直言，國之良藥；直言之人，國之良醫。」

一個能夠在重要的時機，告訴我們正確的話，不因爲身分、利益等種種考量而打折扣的人，便是我們應該好好珍惜，不可多得的良師益友。

不論是身爲平凡的市井小民，抑或是位居高位的決策管理者，只要是爲我們好的話語，都是必須靜心傾聽的最佳意見。

中國古代宮廷中，有一批專門表演歌舞的藝人，儘管他們地位卑賤，但是往往多才多藝，幽默機智，常常能用談笑方式婉轉地對君王進行規勸。楚國人優孟便是其中的佼佼者，富有辯才，進宮沒多久，就深受楚莊王的喜愛。

當時，楚莊王有一匹千里馬，他給馬穿上用華美錦緞做成的衣服，安置在雕樑畫棟的房子裡，用沒有帷帳的床給牠做臥席，還拿蜜餞棗乾來餵養。誰知這匹馬生來不是富貴命，很快便得了肥胖病而死。

楚莊王十分傷心，吩咐臣子們替馬治喪，想用棺木盛殮，依照大夫的禮儀安葬，周圍近臣聞訊紛紛勸阻，楚莊王大爲惱怒，下令說：「有誰敢再對葬馬的事進諫，就當場處死。」

優孟聽到這件事，走進殿門，仰天放聲大哭。

楚莊王上前詢問原因，優孟說：「憑楚國現在的國力，有什麼做不到的？這匹馬既然是大王所鍾愛的，卻只按照大夫的禮儀安葬牠，實在太微薄了，請用安葬君主的禮儀安葬牠吧！」

見楚莊王一臉不解，優孟繼續道：「請大王用雕刻了花紋的美玉做內棺，有花紋的梓木做外槨。還要發動戰士挖掘墓穴，年邁體弱的人則背土築墳。除此以外，發喪時，齊國、趙國的代表要在前陪祭，韓國、魏國的代表在後守衛，再蓋一座廟宇用牛羊豬祭祀，撥個萬戶的大縣供奉。如此一來，天下人便都明白大王對馬的重視遠勝於人了！」

莊王一聽，頓時省悟自己的愚蠢，流了滿身冷汗，著急地說：「我的過失竟然到了這個地步，那該怎麼挽救呢？」

優孟回答：「讓我替大王用對待六畜的辦法來安葬牠。築個土灶做外槨，拿口銅鍋當棺材，以姜棗來調味，用木蘭來解腥，稻米作祭品，火光作衣裳，把牠安葬在人們的胃腸裡。大王以爲如何？」

莊王連連點頭，聽從了優孟的建議，把死馬交給主管宮中膳食的太官。

相國孫叔敖幫助楚莊王治理國事，頗有政績，楚莊王也十分看重，可是他逝世後，楚莊王卻忘了他的功勞，對於遺族的生活也不予照顧。

優孟知道了這件事，便穿戴著孫叔敖的衣冠，模仿其神態，走到楚莊王身前祝壽，莊王大驚，以爲孫叔敖復生，趕忙開口請求他再作相國。

優孟卻說：「楚國的相國千萬做不得，像孫叔敖那樣，盡心竭力爲楚國效勞，楚王因此稱霸，死後兒子卻只能靠打柴餬口。」優孟接著脫下孫叔敖的衣裳，唱起歌來：「貪官污吏享榮耀，子孫不愁窮，有的是民脂和民膏。公而忘私就糟糕，且看楚國令尹孫叔敖，苦了一生，身後蕭條，子孫沒著沒落沒依靠。勸你不必做清官，還是貪官污吏好！」

楚莊王聽了之後，又是感動又是羞愧，馬上下令封贈孫叔敖的遺族。

英國學者培根說：「最能保人心神健康的預防藥，就是朋友的忠告勸諫。」

楚莊王與優孟之間雖然有主僕名分相隔，但由以上兩則故事來判斷，我們可以說，楚莊王最忠實的朋友，優孟當之無愧。

忠言總是逆耳，而且，最需要忠告的人，往往最不喜歡接受忠告。當別人基於善意出言勸告的時候，我們是否也曾因爲固執、好面子、不願意承認錯誤、短視近利……等等因素而將他們拒之門外嗎？

規勸他人不容易，接受他人忠告的雅量更難培養。可以好好思索，如果楚莊王沒有像優孟這樣一位好的「直言者」，他將會犯下多少錯誤？

保持冷靜，才不會掉入陷阱

我們會對未知的事物感到害怕，而這種害怕的情緒，便會成為弱點。不知所措、脆弱動搖的時候，最容易為他人所乘。

古羅馬時代的哲人盧克萊修曾經對世人提出這樣的告誡：「心靈中的黑暗必須用知識來驅除。」

人心總難免有個隱閉角落，在那裡，神秘的力量支配一切。或許是因爲人力有限，無法用現有的智慧解決一切困惑，一旦遇上了超乎常理的事件，就會想藉助超自然的力量解釋或排除。

不過，這樣子的想法，卻也常常遭到有心人士的誤導與利用。

西門豹是戰國時代魏國人，魏文侯時期，奉派前往鄴縣擔任縣令。

西門豹一到鄴縣，便發現那裡人煙稀少，滿目荒涼，於是不解地詢問當地老百姓景況爲何如此。

一位老爺爺嘆了口氣對西門豹說：「都是因爲河伯娶媳的關係。河伯是漳河的神，每年都要娶一個年輕漂亮的姑娘，要是不照做，漳河就要發大水，把田地、村莊全淹沒。」

西門豹問：「新娘子是從哪兒來的？」

老爺爺連連嘆氣：「哪家的閨女年輕，長得漂亮，巫婆就帶人去搶。家境不錯的人家花點錢還可以打發過去，沒錢的窮苦人家可就倒楣了。到了河伯娶媳婦那天，先將姑娘打扮一番，讓她坐在葦席上，放到河裡，順水流去。葦席開始還能在水上漂，過沒多久就連人一起沉下去了。有閨女的人家因爲害怕，全都攜家帶眷搬到外地去，這裡的人口就越來越少，越來越窮。」

西門豹疑惑地問道：「難道河伯娶完媳婦，漳河就不發大水了嗎？」

老爺爺搖搖頭，回答：「還是發，但巫婆說幸虧每年已經給河伯送媳婦，要不然還會更嚴重。」

西門豹聽到這，心下已經明白是怎麼一回事，但表面上仍不動聲色：「看來河伯還真靈！下回他再娶媳婦，記得告訴我一聲，我也去送送新娘。」

不久，到了河伯娶媳婦那天，河岸上擠滿了人，西門豹也帶著幾個手下前來，巫婆和地方上的幾個管事人急忙迎接。巫婆已經七十多歲了，背後卻還跟著十來個穿著妖艷的女徒弟。

西門豹說：「把新娘領來讓我看看長相吧！」

一會兒姑娘被領來，西門豹低頭一看，那女孩哭得滿臉淚水，便回頭對巫婆說：「不行，這姑娘不漂亮，怎麼夠格當河伯的妻子呢？麻煩巫婆您下河通報一聲，就說我們會另外選個漂亮的，過幾天就送去。」

說完，叫手下抓起巫婆，投進了漳河裡。

等了一會兒，西門豹又說：「怎麼還不回來？動作太慢了，叫個人去催一催。」

又抓起一個徒弟投進河裡。

過了一陣子，又將另一個徒弟也推進河裡。

再等了好一會兒，仍是沒有動靜，西門豹說：「看來這些女人辦不了事，麻煩地方上的管事去向河伯解釋吧！」說著又要叫手下們把管事扔進漳河。

這些地方上的管事人，一個個嚇得面如土色，連忙跪地求饒，一五一十地把他們和巫婆聯手騙錢的詭計全招了出來。

這下子老百姓恍然大悟，從此，再也不提爲河伯娶媳婦的事了。西門豹發動縣民開鑿十二條大渠，把漳河之水引到田間，灌溉莊稼。此後，鄴縣年年豐收，老百姓因此能夠家給戶足，也不擔心受怕了。

神棍害人，不只存在於數千年前，放眼看去，今日社會亦然。騙錢騙色的花招百出，上當受騙的，不只是一般的愚夫愚婦，很多時候，連一些高學歷知識分子，同樣逃不出這些騙子布下的陷阱。

如果我們能用清晰的頭腦冷靜思考，從常識來判斷，其實，那些人力所不能及的未知世界，並不眞的如想像那般令人畏懼。

人類天生會對未知的事物感到害怕，而這種害怕的情緒，便會成爲弱點。

當我們不知所措、脆弱動搖的時候，也就是最容易爲他人所乘的時候，要破除這樣的弱點，唯一的方法便是不斷磨練自己的膽識、歷練。

如此，當面臨騙局的時候，才能戳破不實謊言，全身而退。

用蠻力，不如用腦力

人的智慧是老天賜給我們最大的禮物，若棄之不用，就像是沒有蠟燭的燈籠，失去了存在的意義。

曾寫過《戰爭與和平》的俄國作家列夫·托爾斯泰曾在他的著作中提到：「沒有智慧的頭腦，就像沒有蠟燭的燈籠。」

在人生的道路上踽踽行走，面前卻出現了一道再怎麼努力也無法跨越的巨大鴻溝時，應該怎麼辦？

什麼樣的能力，才能化不可能爲可能、化無用爲有用？

什麼樣的能力，才能創造出以一敵百、以小搏大、以弱勝強的奇蹟？

戰國時代，孫臏是齊國將領田忌的門下食客。主客二人經常切磋，討論兵法時事，互視對方爲知己。

有一次，田忌不知何故垂頭喪氣地從外面回來，誰也不搭理，獨自坐在屋中生悶氣。孫臏感到十分納悶，便向田忌身邊的侍衛打聽原委。

原來，田忌很喜歡賽馬，當天上午，他和齊威王約定進行一場比賽，兩人商量好，把各自的馬分成上、中、下三等，比賽的時候，上馬對上馬，中馬對中馬，下馬對下馬，由於齊威王每個等級的馬都比田忌的更強，所以田忌全軍覆沒，輸得灰頭土臉。

孫臏聽完之後，臉上露出笑容，走到田忌身旁，對他說：「不要氣惱了，再比一次，你一定贏。」

田忌疑惑地看著孫臏，問：「你是說另換一匹馬來？」

孫臏大笑：「連一匹馬也不需要更換。」

田忌仍是毫無信心地說：「那還不是照樣得輸？」

孫臏卻胸有成竹，要田忌按照自己的安排辦事。

第二天，田忌去找齊威王，要和他再決勝負。

齊威王早早來到賽場，心裡不住盤算著到時要怎樣譏諷屢戰屢敗的田忌。田忌因爲有孫臏做軍師，同樣信心十足，臉上充滿勝利在握的笑容。

一聲鑼響，比賽開始。孫臏先以下等馬對齊威王的上等馬，輸掉了第一局。接著進行第二場比賽，孫臏拿上等馬對齊威王的中等馬，獲得一局勝利，齊威王開始感到有些心慌意亂。

第三局比賽，孫臏以中等馬對齊威王的下等馬，又戰勝了一局，累積三戰兩勝，奪得了最終的勝利。

只是調換出賽的順序便得到完全不同的結果，這回，輪到齊威王目瞪口呆、氣惱不已。

維吾爾族有句諺語說：「有駱駝大的身體，不如有鈕釦大的智慧。」

這句話告訴我們，沒有智慧的蠻力，根本毫無價值可言，換言之，只要你懂得運用智慧，那麼你將會恍然發現，有時候，看不見的「智力」要比看得見的「武力」更可以發揮料想不到的作用。

以下駟對上駟、上駟對中駟、中駟對下駟，可說是軍事天才孫臏的不朽計謀，其智計過人，由此可見一斑。

這個故事同時告訴我們，只要能好好運用智慧，從中創造出來的成果，甚至可以用「不可思議」來形容。

打不過就不要蠻幹，而是要以智取；辦不到也別硬撐，仍然要憑智謀。人的智慧是老天賜給我們最大的禮物，許多難題的解答，事實上早已隱藏在我們的頭腦裡，所缺少的，很可能只是靈機一動開啓大門的那把鑰匙。

誠如托爾斯泰所言，天賦的智慧，若棄之不用，就像是沒有蠟燭的燈籠，失去了存在的意義。當我們遇到無法解決的難題，不妨多動動頭腦，或許，答案就在不遠的前方。

聽多奉承，小心看不見真相

如果我們聽到的只有誇獎，那麼當行為有差池時，又有誰能及時阻止，提醒我們修正自身的錯誤呢？

「世界上沒有比說真心話更困難的事，但也沒有比阿諛奉承更容易的事。」這是俄國文豪杜妥也夫斯基的名言。

阿諛奉承，是想要在職場、官場上左右逢源、八面玲瓏、橫行無阻，所不可或缺的必備伎倆。

明朝作家馮夢龍也這樣感嘆：「阿諛人人喜，直言個個嫌。」要想擺脫這種人人都會犯的毛病，可不是一件容易的事。

鄒忌是戰國時代齊國著名的美男子，令人羨慕的是，他不僅外表英俊瀟灑，而且擁有治國安邦之才，被齊威王任爲國相。

一天早上，鄒忌穿好衣服，戴上帽子，對鏡整理儀容，妻子從身邊走過，鄒忌攔住妻子，問道：「我跟城北的徐公，哪一個俊美？」

妻子想也不想便回答：「這還用說，當然是你俊美，徐公哪裡比得上你呀！」住在臨淄北邊的徐公，同樣是全國公認的美男子，齊國的人們往往將這兩人相提並論。鄒忌覺得妻子的話未必可信，於是再扭過頭去問小妾：「我跟徐公，誰比較漂亮？」

小妾嫣然一笑，道：「徐公哪裡比得上您！」

第二天，有位遠道而來的客人登門拜訪，鄒忌突然問他：「我和徐公，你覺得誰更英俊些呢？」

客人哈哈大笑，連忙說：「徐公當然不如你啊！」

有一天，徐公因爲有事，親自來到鄒家，見了徐公本人，鄒忌自認遠遠不如對方。當晚，他輾轉反側，不斷思考，終於明白了一個道理。

第二天，鄒忌上朝去，對齊威王說：「我知道自己外貌確實不如徐公，可是因爲我的妻子偏愛我，我的妾害怕我，我的客人有事相求，所以都說我更俊美一些。如今齊國有國土一千多里，城池一百二十座，王后、王妃和左右侍從沒有不偏愛大王的，朝廷上的臣子沒有不害怕大王的，全國人民沒有不想求得大王恩賜的，由此看來，您受到的蒙蔽一定比我還嚴重得多。」

齊威王聽後，拍案擊掌，連聲說道：「說得好！說得好！」

不久後，齊威王下了一道命令：「各級大小官員和老百姓能夠當面指責我的過錯，得頭等獎賞；書面規勸我，得二等獎賞；能夠公開評論我的過錯並讓我聽到的，得三等獎賞。」

命令一下達，許多大臣立刻前來進言規勸，毫無顧慮，把宮門和院子擠得熱鬧非凡。幾個月之後，進諫的人明顯少了，偶然才有一兩個出現。一年以後，即使有人一心想規勸，也沒有什麼可說的了。

別人不肯對我們吐露實話的原因有很多，可能是因爲愛、因爲害怕、因爲別有所求……等，因而選擇將眞心話隱藏，只挑我們愛聽的好話來講。

這本是人之常情，不過卻不能不注意。如果我們聽到的只有誇獎，那麼當行爲有差池時，又有誰能及時阻止，提醒我們修正自身的錯誤呢？

齊威王能採納鄒忌的諫言，並付諸實行，相當難能可貴。由一開始的門庭若市，可以看出其實有許多人對齊威王並不滿意，但一年後，幾乎找不到可以再提出改進的地方了，我們可以肯定地說，這一年之間，齊威王在治理國家上，必定有了長足進步。

我們是不是也能像齊威王一樣，拿出同樣的氣度，勇於向他人請教自己的不足之處，並心存感激？

班門弄斧，無異自取其辱

當你在比自己更睿智的人面前，大言不慚地誇耀自己時，你的格調、學問，又會被打上什麼樣的分數呢？

英國作家布爾沃．利頓說過：「當你與半智半愚者談話時，不妨說些廢話；當你與無知者談話時，不妨大肆吹牛；當你與睿智者談話時，就該非常謙恭，而且要徵詢他們的看法。」

在睿智的人面前賣弄口舌，無異自取其辱，不過，卻常常有人這麼做。或許是因爲睿智的人總是擁有最平凡的外表，或許是因爲當一個人自信滿滿時，就掂不清楚自己的分量。

總是有太多人不明白這個道理，忍不住逞口舌之快，以爲表現了自己的聰明能幹，卻不知這反而是自曝其短。

晏子，名嬰，是春秋時代齊國的重臣，以口才出衆、思維敏捷聞名。一次，齊王派晏子出使楚國，楚人得知後，便打算侮辱他。因爲晏子身材十分矮小，楚國人就在城門旁邊特意開了一個小門，請晏子從小門中進去。

誰知晏子根本不吃這一套，對守城的士兵說：「只有出使狗國的人，才從狗洞中進去。今天我出使的是楚國，應該不是從此門入城吧？」

守城官兵聽後，趕緊請晏子從大門進入。

晏子來到楚國宮廷，拜見楚王，楚王看到矮小的晏子後，哈哈大笑，狂妄地說：「齊國恐怕是沒有人才了吧？」

晏子回答：「齊國首都臨淄有七千多戶人家，人挨著人，肩並著肩，展開衣袖可以遮天蔽日，揮灑汗水就像下雨一般，怎麼能說齊國沒有人呢？」

楚王反問：「既然這樣，爲什麼派你這樣一個人來做使臣呢？」

晏子氣定神閒地回答：「齊國派遣使臣，有一定的準則，賢明的人就派遣出訪賢明昌盛的國家，無能的人就派遣出訪落後蠻荒的國家，我是最無能的人，所以只豔楚國了。」

楚王聞言，滿臉尷尬。

幾個回合過招下來，楚王感覺到眼前這個其貌不揚的使臣絕非泛泛之輩，於是稍微降低了自己的傲慢姿態，請晏子喝酒，順便打聽一些有關齊國的事情。正當喝得酣暢淋漓之際，有兩名公差押著一個罪犯來到楚王面前。

楚王看到公差向自己走來，便大聲問道：「綁著的人是幹什麼的？」

公差回答：「他是齊國人，犯了偷竊罪。」

楚王得意地看著晏子，不懷好意地問道：「齊國人本來就善於偷東西嗎？」

晏子聽後，從席位上站起來，嚴肅地回答道：「我聽說過這樣一件事，橘樹生長在淮河以南的地方就是橘樹，生長在淮河以北就變成枳樹，葉片形狀雖然相像，果實的味道卻完全不同。爲什麼會這樣呢？是因爲兩地的水土條件不相同啊！這個人當初居住在齊國不偷東西，一到了楚國反而成了小偷，應當是楚國的水土影響了他吧！」

楚王聽後，難堪地說不出話來。

晏子雖然個子小，但他的智慧卻遠勝楚國衆多王孫公侯，楚王不明白應該在睿智的人面前虛心求教的道理，反倒想要羞辱晏子，結果卻是鬧了千古大笑話。回頭看看，在我們身邊，不也正是充滿了像楚王這樣子的人嗎？

這些人滔滔不絕地說著自以爲聰明的話語，不理會面前的人究竟是何等人物。當你在比自己更睿智的人面前，大言不慚地誇耀自己時，你的格調、學問，又會被打上什麼樣的分數呢？

《聖經》裡有這樣一句話：「多言多語難免犯罪，約束嘴巴便是智慧。」

這句話同樣是在告訴我們，要適時約束自己的口舌，不該說的話不要說，不明白的事不要誇口，這才是眞正的智慧表現。

以禮相待，還要誠意十足

尊重他人，以禮相待，很多時候，「禮」這個字也表現在物質方面，特別在彼此尚無深厚交情的時候。

十八世紀法國著名思想家孟德斯鳩曾說：「禮貌使有禮貌的人喜悅，也使那些受人以禮貌相待的人們喜悅。」

人都喜歡受尊重，能被人以禮相待。

有句說：「禮輕情意重。」不過，還是得視情況決定。用在至親好友身上可能無妨，但當我們在社會上行走，便不能以此做爲唯一的行事準則。

淳于髡是戰國時代的齊國名人，博學多才又能言善辯，爲齊國進行過多次成功的外交活動。

齊威王八年，楚國派大軍入侵齊國，形勢十分危急，齊威王立即召見淳于髡，派他出使趙國求援，並攜帶黃金百兩、驅馬車十輛作爲禮物。

淳于髡聽後，仰天大笑，連繫帽的帶子都繃斷了。

齊威王問：「你笑什麼，有哪裡不對嗎？」

淳于髡說：「今天我從東邊來時，見到路旁邊有個正在祭祀田神的人，手拿著一個豬蹄，一杯酒，卻祈禱說：『請保佑我高地上收穫的穀物盛滿竹簍，低田裡收穫的莊稼裝滿車輛，五穀繁茂豐熟，米糧積滿穀倉。』我看他拿的祭品很少，而祈求的東西太多，所以大笑。」

齊威王聽後，明白了淳于髡的暗示，於是下令把禮物增加爲黃金千兩、白璧十對、驅馬車百輛。

淳于髡立刻前往趙國。趙王看到齊國帶來了如此貴重的禮物，大爲感動，撥給淳于髡十萬精兵，一千輛包有皮革的戰車。楚國聽到這個消息，知道情況不妙，連夜退兵，齊國於是轉危爲安，避掉一場可能覆亡的危機。

貢獻的很少，要求的東西卻不成比例的多，這不是異想天開嗎？

有求於人時，交情好的、感情厚的親戚朋友，或許不會斤斤計較回報，不過，要是換成其他人，有什麼理由不求酬勞幫助我們呢？

不要將他人的好意當做理所當然，也不要用最高的道德標準要求他人，而是應該展現自己的誠意。

常說要尊重他人，以禮相待，很多時候，「禮」這個字也表現在物質方面，特別在彼此尚無深厚交情的時候。

該省的禮數不能省，不只是物質，也包括態度。若我們能恭恭敬敬地以禮對待他人，那麼他人心懷感激、投桃報李的機會也將大得多，不是嗎？

善用同理心，才能提高成功率

想要說服一個人，讓別人理解自己的想法之前，必須先將自己放在跟他一樣的地位、一樣的處境。

你曾經碰過很難溝通的人嗎？

他們或許脾氣剛硬、個性固執、自尊太強、防備心太重……因為許多不同的原因，讓我們很難親近他們。

既然難以親近，當然更別提要與他們溝通、商量，甚至合作了。

這樣的人，有可能就是我們的長輩、上司、鄰居、親戚……他們不聽人言，只照自己的想法行事，有的時候，眼看就要犯下錯誤，身邊的人卻沒有辦法加以勸阻，因為別人說的話，他們根本就聽不進去。

這樣令人苦惱的情況，到底有沒有改善的可能？

公元前二六五年，秦國出動大軍進攻趙國，趙國向齊國求救，齊國卻提出要求，必須以長安君作爲人質，否則不願出兵相助。此時趙國由太后掌權，她堅決不同意，大臣們極力勸進，太后十分惱怒，明確告訴左右：「有誰再敢說讓長安君做人質的，老婆子一定朝他的臉吐唾沫。」

趙國的左師觸龍聽聞這消息，提出要求希望謁見太后，太后猜想他必定是爲人質之事而來，於是怒容滿面地等待。

觸龍並沒有提出長安君當人質的事，只提出一個私人請求：「老臣的劣子舒棋，年紀最小，是個不肖之子。臣老了，偏偏又很疼愛他，希望能派他到侍衛隊裡湊個數，保衛王宮，所以冒著死罪來向您請求。」

太后說：「沒問題，年紀多大了？」觸龍回答：「十五歲了，雖然還小，但希望在老臣沒死前先拜託給太后您。」

太后聽了，忽然問道：「做父親的也疼愛小兒子嗎？」

觸龍答道：「比做母親愛得更深。」

太后笑道：「婦道人家才特別喜愛小兒子。」

觸龍聽了卻反駁說：「但是，依老臣個人的看法，太后您愛女兒燕后，可要勝過長安君啊！」

太后連忙說：「你這麼說可就錯了，我對女兒雖疼愛，總比不上對長安君的用心良苦呢！」

觸龍微笑著說：「父母既然愛子女，就要爲他們考慮到長遠一些的將來。當年老太后送燕后出嫁時，抱著她的腳哭泣，因爲此去一別千里，無法不傷心。離別以後，日日想念，但儘管如此，每逢祭祖，您總是說：『保佑燕后，一定別讓她回來啊！』這難道不是從長遠考量，希望她能得寵，有子孫，從此代代在燕國爲王嗎？」

太后點點頭說：「確實如此。」

觸龍又說：「當年趙氏建立趙國的時候，趙國君主的子孫是凡被封侯的，後代至今還有能繼承爵位的嗎？」

太后搖頭：「沒有。」

觸龍再問：「不只是趙國，其他諸侯國的子孫呢？」

太后想了想道：「沒有聽說過。」

觸龍點頭說：「這是爲什麼？難道是君王的後代子孫全都不成材嗎？地位高人一等卻沒什麼功績，俸祿特別優厚卻未曾有所操勞，這才是眞正的不好。現在老太后授長安君以高位，把富裕肥沃的地方封給他，又賜予大量珍寶，卻不曾想過讓他對國家做出功績，有朝一日太后百年，長安君能憑什麼使自己在國內安身立足求發展呢？老太后爲長安君考慮得太短淺了，未曾顧及到未來，所以我認爲您對他的愛，還不如對燕后來得深啊！」

太后頓時恍然大悟，馬上命人套馬備車一百乘，送長安君到齊國去做人質，果然，長安君一到，齊國也就出兵了。

與其他人站在同一個高度，你才能看見他所看見的東西，也才能進一步去思考他所思考的問題。

觸龍為小兒子謀福利，說明為人父母的心情，這時，他已經把自己放在跟太后相同的位置上了。他們一樣憂心自己兒女的未來，這共通點，使得太后忘記了之前撂下的狠話，而能夠敞開心胸傾聽。

想要說服一個人，使別人理解自己的想法之前，必須先將自己放在跟他一樣的地位、一樣的處境。觸龍之所以能讓太后答應派親生兒子長安君到齊國去做人質，正是因為他以為人父母的觀點切入話題，才讓固執的太后起了共鳴。

這樣的做法，不但不易招來對方的不快，反而能因為彼此的共通點，拉近距離，提高所要求事情的成功率。如果能做到這一點，相信遇上再難溝通的對象，都不至於是「不可能的任務」了。

金錢買不到的，才最珍貴

我們辛苦了大半輩子，只為賺得大把大把的鈔票，卻拋棄了許多更為重要的東西，最後，會不會有追悔莫及的一天？

我們常說，這世上所有的東西，幾乎都能用金錢買到。俗話說：「金錢不是萬能，但沒有錢卻萬萬不能。」相信這也是許多人奉爲圭臬的準則。

的確，沒有金錢當做後盾，許多理想便沒有實現的機會，一切只能當作空談。但是除了錢，我們是不是應該還有更重要的事物值得追求呢？

在天下分裂、戰禍頻仍的春秋時代，齊國有個大能人叫管仲，不但把齊國治理得很好，同時也平定了許多原本割據一方的諸侯國。到最後，只剩下楚國仍頑強地不接受齊國的號令，若不能征服楚國，齊桓公就不能成爲中原霸主，而偏偏楚國的實力不容小覷，齊國該如何是好呢？

當時，齊國有好幾位大將軍紛紛向齊桓公自動請纓，願意親率重兵攻打楚國，擔任宰相的管仲卻連連搖頭，激動地對大將軍們說：「齊楚交戰，旗鼓相當，勢必會拖延相當長一段時間，不但會耗費掉這些年辛辛苦苦積蓄下的糧草，甚至還可能會弄到生靈塗炭，爲兩國無辜百姓帶來災難。」

大將軍們聽後無不啞口無言，只能用詢問的目光注視著曾經多次對國事力挽狂瀾，樹立無數的卓著功勞的管仲。但管仲說完那番話之後，便神情從容地不慌不忙轉身離開，帶著許多人煉銅去，沒有再發表意見。

不久，管仲派了一百多名商人前往楚國購鹿。當時的鹿是相當稀少的動物，僅有楚國才有，但也只被當作一般的可食動物看待，並沒有値多少錢。

商人們從管仲那兒得到授意，一個個都在楚國到處揚言著：「齊桓公喜好養鹿，不惜重金，有多少買多少。」並開始大量購鹿，三枚銅幣一頭，過了十天，加價為五枚銅幣一頭。

楚國的楚成王和大臣聞知此事後，頗為興奮，認為繁榮昌盛的齊國即將遭殃。因為，十年前，衛國國君就是因為好鶴而亡國，齊桓公好鹿分明就是重蹈覆轍。楚國君臣於是開始在宮殿裡大吃大喝，打算以逸待勞地等齊國軍心鬆懈，到時就可以坐擁天下。

過不了多久，管仲又下令把鹿價提高到四十枚銅幣一頭，楚人見一頭鹿的價錢竟與千斤糧食相當，紛紛製作獵具，前仆後繼奔往深山去捕鹿，不願再費心耕種，連楚國境內的官兵也陸續將兵器換成了獵具，一有機會就偷偷上山捕獵去了。

一年的時間過去，只見楚地大荒，銅幣卻堆成了山。楚人發現今年根本沒有收成，想用銅幣去買糧食，卻無處可買，原來管仲早已發出密令，禁止各諸侯國與楚通商，違者將受嚴懲。

這麼一來，楚軍人飢馬瘦，戰鬥力大失，管仲見時機成熟，隨即集合八路諸侯大軍，浩浩蕩蕩開往楚境，一路上所向披靡、勢如破竹。楚成王眼睜睜看到自己內外交困，無可奈何，連忙派大臣求和，同意自己今後不再割據一方，欺凌小國，並且誠心接受齊國的指揮。

管仲不動一刀，不殺一人，就制伏了本來聲勢強大的楚國，擴張霸業的同時，也爲全天下贏得了一段時間難得的安定。

在這個故事裡，楚國的農夫不事耕作，兵士不思衛國，都只想要到深山裡去捕鹿，賺一筆大錢，卻忘記了自身背負著更重要的天職，不過一年的時間，糧食生產就出現危機，軍事的力量也巨幅衰退。因爲大家都被滿腦子貪財的意念蒙蔽了，一旦發財如此容易，彷彿一蹴可及，誰還會願意到田地裡辛勞耕作？誰還想要辛苦執干戈以守衛國家？

但是，看看結果，每個楚國人都賺飽了口袋，銅幣堆積成山，但是田地已荒廢、兵馬已虛弱，等到其他諸侯大軍壓境，空有這些錢又有什麼用？它換不來糧食、換不來戰爭的勝利。個人賺飽了錢，卻丟了國、丟了家，等到事後追悔，就算能省悟到過往的糊塗，但卻早已錯失了時機。

同樣的，我們辛苦了大半輩子，賭上人生最美好的一段時光，只爲了賺得大把大把的鈔票，卻拋棄了許多更爲重要的東西，譬如健康、時間或理想，最後，會不會有追悔莫及的一天？

這個世界上有什麼是比金錢更重要的？相信你的心中已有答案。如果我們手中擁有比金錢更具價值的寶物，那麼，不論爲了什麼理由，千萬不要輕易放棄，許多用錢買不到的東西，正是人世間最珍貴的事物。

02

冷靜面對，才能解決問題

能夠成功化危機為助力的關鍵，
在於沒有讓當下的負面局勢
影響了自己的判斷與處理能力，
達成的先決條件，就是「冷靜」。

冷靜面對，才能解決問題

能夠成功化危機為助力的關鍵，在於沒有讓當下的負面局勢影響了自己的判斷與處理能力，達成的先決條件，就是「冷靜」。

英國文人博克有句名言：「快樂時，思想容易疏略，心不可不慎；憤怒時，思想容易武斷，心不可不緩。」

人在興奮、緊張、恐懼、憤怒等等的情緒作用下，心情容易產生激烈波動，進而失去理智與判斷力，許多錯誤正是在這樣的情況下造成的。

因此，不論面對什麼樣的情況，我們都要謹記，心不可不慎、不可不緩。

張遼，字文遠，是三國時期曹操的心腹愛將。在曹操挾天子以令諸侯時，張遼一直爲曹操鎭守東南方，引兵抗拒東吳的進犯，寫下以「八百破十萬」名留史冊的傳奇戰役。

一日，曹操令張遼屯兵長社，張遼準備率領部下前往駐紮，正在這時，軍隊裡有人謀反，趁半夜四處放火作亂，導致軍心大亂，上下無不惶恐不安，眼看就要分崩離析。

身爲主帥的張遼此刻並沒有絲毫慌亂，細心聽取了軍士的匯報後，對左右的文臣武將仔細分析道：「大家不要輕舉妄動，以免中了敵人的詭計。從目前的情況來看，這不是全軍叛亂，而是某些人肆意製造混亂，趁機擾亂軍心。假如爲首的我們一慌亂，兵士們肯定跟著慌，整個軍營就會立刻亂成一團，讓敵人趁虛而入，屆時，我軍將死無葬身之地。現在應該冷靜地觀察，是哪個軍營的哪個將領在故意散播謠言或指揮作亂，一舉揪出幕後的眞正主謀。」

大家紛紛點頭稱是，並將自己手下的士兵召集到中軍帳前。

等全體成員都到齊之後，張遼才出現在大夥面前，十分鎭定而嚴厲地命令軍中士卒說：「我知道大家是受到了蒙蔽，並非刻意造反叛亂。我軍的糧草充足，兵器也十分完好，一定能夠完成丞相的命令，不負丞相的重託。現在有人想趁機製造混亂，這種小伎倆是不會得逞的！效忠國家的人就安靜地坐在軍營中別動，否則以叛亂罪論處！誰要是敢違抗命令輕舉妄動，就視同叛亂者或其同黨，格殺勿論！」

就這樣，張遼率領手下的心腹將領和幾十名親兵衛士站在軍陣中。士兵們見騷動停止了，就安心地回到自己的營帳中坐下來待命，反倒是亂黨成員個個心慌意亂，甚至嚇得主動走出來認罪，揭發了策動叛亂的主事者。

張遼命令士兵將主謀者帶上來，然後重新召集全體士兵，當著大夥的面將其就地正法，這樣一來，再也沒有人敢煽動叛亂了。一場騷動的結果，不但沒有造成嚴重損傷，反而讓冷靜多謀的張遼將計就計，進一步穩定了軍心，將軍隊的戰鬥力與向心力向上提升。

張遼能夠成功化危機爲助力的關鍵，在於懂得用腦力，沒有讓當下的負面局勢影響了自己的判斷與處理能力，達成的先決條件，就是「冷靜」。

先冷靜，才能理清頭緒，思考出解決問題的方法。不論是面對巨大的悲傷、憤怒、哀痛或欣喜，都不要讓自己輕易地被情緒牽動。心若不靜，所思所想，只不過是一時衝動、一時意氣，萬一真的依情緒衝動行事，到頭來必定後悔。

突然遭逢大難時，我們總是很難將自己從當下的情境中抽離，這本是人之常情，但是，若真要突破現況、扭轉乾坤，進一步得到寶貴的經驗與成果，就非得要克服這阻礙不可。

唯有戰勝它，才能再次掌握理智的鑰匙，開啓成功的大門。

鋒芒不露，方能化險為夷

收起鋒芒，培養處世的智慧。聰明就像一把雙刃劍，若是使用不當，不但傷人，更會害己，不可不慎。

西班牙文人格拉西安在《智慧書》中曾經這樣說過：「讓人誤以為你是無知的，往往是最大的睿智。」

聰明的人常常掩不住鋒芒，所到之處，總令其他人感到透不過氣，長久下來，旁人多少會心懷恐懼，也容易招來無謂的妒怨、中傷，這就是所謂的「樹大招風」。

因此，做人不能空有聰明而欠缺智慧。智者需要自知、自抑，通曉人心世故，不輕易外洩自己的光芒，只在必要的時候才將天賦表露。

三國時期蜀漢政權的建立者劉備，是東漢名儒盧植的學生，自稱是大漢皇帝的宗室「中山靖王劉勝之後」。不管這個說法是眞是假，劉家傳到劉備這一代，家道早已中落，非但享受不到榮華富貴，連生活都相當拮据困難。但他不甘心就此渾渾噩噩過一生，總在尋找建立功業的機會。

此時正值東漢末年，董卓控制了朝政，成爲名副其實的太上皇，殘害忠良，恣意妄爲，將朝廷內部搞得烏煙瘴氣、敗壞不堪。各地豪傑紛紛組織武裝起兵，表面以討伐董卓爲名，實則在爲自己攻佔江山。

劉備見機不可失，也召集了一小隊人馬，加入了討董的大軍。後來，他的實力逐漸發展起來，並得到了關羽、張飛等人的輔助，形成一個小小的集團，但還是處於兵少將寡，沒有實質地盤與影響力的狀態。

公元一九六年，曹操強行將漢獻帝從長安遷到許縣，挾天子以令諸侯，成爲實際掌權者。此時，劉備正佔據徐州抵擋袁術的進攻，可是不久之後被呂布打敗，只好投奔曹操。

一次，曹操趁著與劉備喝酒聊天的機會，悠然地說：「袁紹目前勢力雖然強大，但爲人心胸狹窄，又欠缺器量、膽識，因而成不了大事；呂布只不過是個武夫，毫無智慧，更是不值得掛心。綜觀天下英雄，唯有你劉備和我曹操可稱得上能成大事者啊！」

劉備正要吃飯，聽聞曹操的話，以爲意圖建立自己功業的心思遭到識破，大吃一驚，右手一抖，竟不小心將握在手中的筷子掉到地上。

此時正巧打了個響雷，劉備害怕曹操發現異樣，趕緊乘機掩飾：「古代聖人曾說『疾雷狂風必然帶來災異』，的確如此，雷震威力，竟可以達到這樣的程度，嚇得我連筷子都拿不住，實在慚愧！」

曹操聽了，以爲劉備眞是爲雷聲所驚，只是微微一笑，便繼續喝酒吃飯。劉備靠著他的機智反應，免去了一場可能降臨的災難。

自恃聰明的人最容易掉入陷阱之中，因爲太過恃才傲物，看不見自己的狂妄，因此容易被擊敗。劉備並不是這樣的「聰明人」，所以知道該在什麼時候屈身、該什麼時候收斂，他所擁有的，是比「聰明」更加可貴的「智慧」。

雖不甘心做曹操的手下，但劉備知道，實力決定一切，處境不利時，和對手硬碰硬只有死路一條。因此，故意裝做被雷聲嚇得掉筷子，以看似膽小無知的行爲掩飾內心眞正的想法，這是盱衡情勢之後不得不做的自保之舉。

能成大事的人，不圖一時之快、不貪一時勝負，而是將眼光放遠。即使眼前吃虧，也不以爲意；就算被別人認爲是無知，也不會沉不住氣。因爲他們知道，不將智慧鋒芒外露，才能化險爲夷。

如果自認聰明，就應學習如何收起鋒芒，培養處世的智慧。聰明就像一把雙刃劍，若是使用不當，不但傷人，更會害己，不可不愼。

找對位置，做對事情

將人才放錯位置用錯地方，就好比要大將軍去值夜守門一般，不但是一種人才的浪費，還可能還會對整個團體造成傷害。

對於任何一間企業或者公司行號來說，如果想要持續不斷擴張、開展規模，那麼，長期有效地發掘並任用有力人才，是關鍵中的關鍵。

因此，身為組織中的管理階層，必須擁有知人善任的能力，什麼人有才能、有什麼樣的才能、應該將他放在什麼位置……這些問題，在上位者不能不知道，也不能不去思考。

秦末天下動亂，楚漢相爭。當時，大將軍韓信攻下齊國領地，功績卓著，漢王劉邦爲了籠絡他，便宣布立他爲齊王，並讓他帶兵攻打楚地。

楚王項羽得知，十分煩惱。因爲，韓信落魄時曾經投靠過他，卻不受重視，只得到一個小官職，後來轉投劉邦麾下，很快得到重用，充分發揮才能，協助劉邦南征北討，立下汗馬功勞，從當年一個不起眼的小官，搖身一變，成了各國武將十分畏懼的對手。

現在，韓信奉命前來攻打楚地，項羽自忖沒有必勝的把握，又非常後悔當初沒有重用他，白白錯失好人才，於是派武涉去勸服他。

兩人一見面，武涉馬上開口恭維韓信的功績，說得天花亂墜，極盡拍馬屁之能事，但韓信卻只是看著兵書，不大理睬。

武涉見韓信不吃這一套，於是悄悄走到他身旁，壓低了聲音說：「韓將軍，如果您能棄劉邦投到楚王麾下，大王定會重用您，除了送您最豐厚的禮物，更會讓您擁有比現在更大的封地，請好好考慮一下啊！」

韓信一聽，反而拍案而起，勃然大怒道：「當年我跟隨項羽，官位最高也不到郎中，不過是個拿著兵器爲他看守殿門的守衛罷了。說話從來沒有人聽，計策也不被採用，空有一身本領，卻無法施展。棄楚投漢之後，漢王授我爲上將軍，統領數萬兵衆，還脫下自己的衣服給我穿，將自己的食物給我吃，在用兵打仗方面對我言聽計從，正因如此，我才有今天的成就。漢王如此賞識我，信任我，我若背叛他，實在爲天地所不容，請楚王收回他的美意吧！」

武涉被韓信說了一頓，只好摸摸鼻子告退了。

人都有夢想，都有抱負，越是懷抱才能的人，心中想要揚名天下、彰顯才華的欲望也就更強。

當這樣的人來到社會上，躍躍欲試想要一展身手時，那些足以影響局面、左右情勢的管理者們，又是如何對待他們的呢？

這些有才華有抱負的人，不一定擁有驚人的外表或家世，也不一定能在很短暫的時間內就有過人的表現，但這並不表示他們的能力不好，很多時候，只是因爲時機未到，或是被放錯了位置、用錯了地方而已。

放錯位置用錯地方的悲哀，就好比要千里馬去馱重物，要大將軍去值夜守門一般，不但是一種人才的浪費，還可能對整個團體造成傷害。

用蠻力不如用腦力！楚王項羽雖有帶兵的將才、驚人的武功，卻沒有識人的才能，再怎麼力拚，都還是只能靠自己一人，找不出值得信賴的強將良相，結果就是不敵知人善任的漢王劉邦。

懂得收手是一種智慧

很多時候，「放下去」比「拿起來」更為困難，其中所潛藏的危機與誘惑，即使連最聰明的成功者也常會難以抗拒。

英國哲人約翰遜曾說：「真正的幸運並不在於拿到賭桌上最好的牌，而是知道該在什麼時候離開賭桌回家。」

拿到一把最好的牌，的確令人羨慕，但是好運不會永遠持續下去，撈了一大筆之後，更該知道見好就收，否則一直賭下去，無論先前贏了多少錢，也終究難逃輸個精光的下場。

乘勝追擊，應該追多遠、追多久？當我們春風得意，無往不利時，又有多少人懂得在最適當的時機全身而退，罷手收山？

馬援，是東漢初年著名的將領，曾任伏波將軍，後來被封爲新息侯。

建武年間，天下初定，諸王紛紛來到京城，四處結交朋友賢士，藉以籠絡人才，鞏固勢力，博取好名聲。

有人來拉攏馬援的時候，他都保持低調，即便對方平日與他有不錯的交情，也還是推辭說：「我只是一介武夫，朝政的事情完全不懂，不過會跟著大王打仗而已，況且我也老了，不想再費神考慮朝廷裡的事情，只期待安享晚年呢！」

這天，呂種又來拜見馬援。呂種是個文官，卻和馬援相當談得來，兩人平日裡便經常相互拜訪，喝酒談天，是很好的朋友。

談笑間，呂種說起了自己的近況，指出日前他結交了某位王爺，對方很器重他，不但委以重任，還賞賜了大量的金銀珠寶，一邊說一邊顯現出滿足和興奮的神情，並試探性地問馬援：「馬將軍，我聽說有不少的王孫貴族想要與您結交，您都不太樂意，說實話，那些來找您的人確實沒有什麼發展前途，但我投靠的這位王爺不一樣，且王爺已經說了，能夠得到您的支持，是他莫大的榮幸，希望您考慮一下。」

馬援聽到這，臉色立刻轉變，冷冷地說：「你我相交這麼多年，又不是不了解我的個性，已經決定的事情，無論誰來勸都不會起作用！」

馬援嘆口氣後又說道：「作爲知交，我倒是想要勸勸你。現在這些王侯能夠肆無忌憚壯大自己的勢力，只是因爲朝廷限制藩王勢力的措施還沒有建立起來，並非天子當眞不在意。如果他們再這樣廣交賓客，以後勢必得面臨被天子鎭壓的下場，你要多加留心啊！」

呂種當時不以爲意，但不久之後，果然有人上奏指控諸王的賓客意圖叛亂，皇帝當即下令逮捕，牽連了數千人，呂種也不幸陷入災禍之中，這時他才悔悟，不禁感嘆道：「馬將軍，神人也！」

馬援不愧是具有政治才能的將領，對於局勢的解析有獨到之處，爲其他人所不及。更重要的是，他沒有貪求高官厚祿之心，懂得低調、收手，不接受其他王侯的籠絡，不對那些誘人但危險的利益心動。他清清楚楚地知道現在這樣就好，再要更多，只會爲自己帶來危機。

好不容易得到成功，人必定會想要長久保住現下所擁有的成果，甚至還會衍生出更大的野心，企圖追求更多、更高的利益與好處，不再爲現有地位感到滿足。

但是，人心的貪念如同一個無底洞，若是不懂克制，永遠不會有被塡滿的一天，也正是因爲如此，許多人不懂得在最順利的時候收手，抓不住「離開牌桌」的時機，非要到用盡自己一切的好運與精力，淪落至悲慘境地爲止。

我們必須要學會拿捏分寸，讓自己做到「收放自如」。這並不是一件容易的事，很多時候，「放下去」比「拿起來」更爲困難，其中所潛藏的危機與誘惑，即使連最聰明的成功者也常會難以抗拒。

「向前進」需要勇氣，但已經達到人生的高峰時，知道什麼時候該收手，則需要更深一層的智慧，馬援的故事所要告訴我們的，正是這個道理。

要有相互包容的心胸

在商場、職場，或是政治立場上，大眾普遍都抱著「不是朋友，就是敵人」的成見，殊不知絕對的二分法，只會強化彼此的對立。

俄國文學家高爾基曾說：「我們都會犯一點錯誤，只有死人才不犯錯，因為他們不會活動。」

每個人都可能在競爭與努力的過程中，因爲做出正確選擇而獲得成功，但同樣也可能因爲選錯邊、站錯台、押錯寶，落得失敗的下場。

應該記住的是，意見相左，不過就是「立場」不同罷了，要有相互包容的心胸。無論最後的結果爲何，並不表示成功者與失敗者彼此之間必定有著「不是你死就是我亡」的仇恨或對立。

漢高祖劉邦手下能人眾多，其中不乏像蒯通這樣的能言善辯之士。在某些情況下，言語是比刀劍更厲害的武器，不但能力挽狂瀾，還能反擊敵人。

曾立下汗馬功勞的淮陰侯韓信，最終因謀反之罪被殺，替他出謀獻策的謀士蒯通也被抓了起來，由漢高祖劉邦親自審訊：「蒯通，大漢朝向來待你不薄，你竟然做出如此不忠之舉，是你教唆淮陰侯反叛的嗎？」

蒯通理直氣壯大聲回答道：「是的，我的確是叫韓信反叛，可惜他沒用我的計策，所以才自取滅亡，落得如此下場。假如他當初肯早些採納我為他制定的計策，陛下又怎麼能抓住他並且殺了他呢？」

劉邦氣得暴跳如雷，於是當場下令：「把蒯通給我放到鍋裡蒸了！」

聽了判決，蒯通不慌不忙地說：「陛下，您把我蒸了可真是冤枉呀！」

劉邦怒目而視，斥責說：「你既已經承認教唆韓信造反，試圖謀奪江山，哪裡還有什麼冤枉？」

蒯通從容回答：「盜跖的狗對著堯狂吠，並不是因為堯不仁德，只不過他不是狗的主人而已，您能說盜跖的狗做錯了什麼嗎？我跟隨韓信多年，對他忠心耿耿，為他出策謀劃，效忠主子，何錯之有？」

漢高祖劉邦聽了這番話，不禁恍然大悟，如果將蒯通這樣有才華的人輕易殺掉，豈不是大漢朝的巨大損失？

於是，劉邦下令赦免了蒯通的所有罪過，還任命他擔當重要的職位。

在許多人的想法中，萬事萬物只有是與非、黑與白、敵與我的分別，尤其在商場、職場，或是政治立場上，大衆心裡普遍都抱著「不是朋友，就是敵人」的成見，殊不知這種絕對的二分法，只會加深鴻溝，強化彼此的對立。

狗對來者狂吠，只是善盡對主人的忠心而已，就像蒯通輔佐韓信時與劉邦為敵，並不表示蒯通對劉邦本人，或是漢朝有什麼不共戴天之仇，非要將其消滅不可，只是立場不同罷了。

能夠看破一時的對立，尋求更高層次的相合相知，需要相當的智慧與胸襟，當然不容易做到。

但是，我們必須知道，所謂「立場」，常常只是一時的局勢與人爲運作操弄下的結果，會隨著時間與空間的不同而隨時改變。如果不能看透這一層，放寬心胸去欣賞、去接觸那些曾經與我們立場不同的「敵人」，無疑將會錯失許多足以成爲助力的人、事、物與機會，這樣豈不是太可惜了？

一絲善念，便足以改變世界

不可否認，人有與生俱來的惡念，但也同樣擁有天賦的善心，我們不能放任惡念危害他人，更不能讓原有的善心漸漸冷卻。

英國文人勃朗寧說：「如果把愛拿走，整個地球無異是一個大墳墓。」

確實如此，同情與愛，是人與生俱來的高貴情操，如果把這樣的情感從人類身上奪走，我們還剩下些什麼？必定只是一個冰冷、無情、殘酷的世界。

袁安是東漢人，官至司空、司徒，以爲官嚴明著稱。

在袁安還只是一介平民的時候，有一年冬天特別寒冷，下了好幾場大雪，這天清晨袁安早早就起床，拿起掃帚準備掃雪，一打開大門，卻發現有一堆人擠在他的家門口避寒。

袁安不忍心爲了掃雪而趕走這些苦命人，便輕輕地把大門關上，心想，就讓他們在這裡避避吧！於是放下掃帚，走回屋裡。

這天洛陽的縣令親自視察百姓狀況。他沿著大街巡視，家家戶戶都很積極掃雪，走到袁安家門前，竟發現厚厚的雪還成堆在地上，絲毫沒有掃過的痕跡，還有不少人縮在屋簷下。只看一眼，這位縣令便知道這是一群無家可歸的遊民，因爲無處容身，只好群聚到袁安家門口避寒。

縣令命手下將堆在大門前的積雪掃開，一走進屋子，便發現袁安瞪大著雙眼，目視屋頂，直直躺在炕上。

縣令不高興地大聲問道：「怎麼不出去掃雪呢？負責掃淨家門前的積雪是洛陽城的規矩，難道你不知道嗎？」

袁安慢條斯理地起身說：「大人，您也看到了，那麼多無家可歸的人在我家門口避寒，這麼冷的天，我實在不忍心把他們趕走啊！」

縣令聽了之後很感動，認爲袁安這樣富有同情心，若能爲朝廷效力，一定會是個造福人民的好官，不但沒有責備，還舉薦他爲孝廉，日後他更當上司徒、司空等官職。

袁安不忍心將孤苦受凍的人趕走，表現出推己及人的深厚同情之心，洛陽縣令就是深深明白了這一點，所以舉薦袁安，傳爲一段佳話。

或許，因爲現代人的生存與活動空間過於狹小擁擠，彼此間難免激烈競爭，再加上社會結構日趨複雜，自己與他人之間彷彿築起了一道看不見的牆，使得彼此的距離越來越遙遠，也越來越吝於付出自身原有的同情與愛，這實在是一件很可悲的事情。

當每個人都只顧慮自己，不願關懷、同情他人的時候，人與人之間的互信、互助、互愛便會一點一滴消失殆盡，到最後，誰能保證世界不會只剩下弱肉強食的殘酷？在那樣的世界生活，又有什麼樂趣或希望可言？

不可否認，人有與生俱來的惡念，但也同樣擁有天賦的善心，我們不能放任自己的惡念危害他人，更不能讓本有的善心漸漸冷卻。

要是我們肯幫助那些需要幫助的人，對值得同情的人施予憐憫，即使只是一件微不足道的小事，也能夠爲這個世界帶來一些希望，爲我們的生活添加更多可貴的光明與溫暖。

別讓貪心蒙蔽理智

這些讓自己爭得面紅耳赤的事物，真的值得嗎？非要把眼前的好處一網打盡才行嗎？很多時候，答案都是「不」。

法國歷史上最偉大的作家之一巴爾札克曾說：「貪心好比一個套結，把人的心越套越緊，結果閉塞了理智。」

貪婪之心人皆有之，不只大奸大惡者獨然。無論是衣冠筆挺的上流社會人士，坐擁萬貫家財的富翁，甚至是備受尊重的教育家、宗教家、政治家，抑或一般平民老百姓，一旦受到「貪」字引誘，都未必能全身而退。

根據漢朝禮制，每年十二月祭祖的時候，皇帝都要賞給博士們一些羊，以獎勵他們一年來教授學生、執行禮法的辛勞。但是，羊有大有小、有肥有瘦，該怎麼分，卻從沒有固定的規範可循。

起初是買一群羊，集中在一起，任大家隨便挑選，但這令很多人都感到不公。後來，有人提議按照長幼尊卑分配，年長的、地位高的就分給大羊，年齡小的、地位低的就分給小羊。

這個提議聽起來很公平，但還是產生了分配不均的情況，因為每隻羊的重量不可能完全相同，所以同一級別的博士也未必能分到一模一樣的兩隻羊。

許多人為此紛紛發出怨言，對於把博士分成高下幾個不同級別的做法也不表贊同，甚至還有人為了爭級別而傷了與同事間的感情。本來很團結的一個群體，為了分羊這件小事吵得亂哄哄，始終拿不定主意。

很快，又到十二月了，主管博士的人這回想出了一個好主意，乾脆把羊都殺掉，然後平均分配羊肉就好，這樣既不用爭地位，又顧全了大家的面子。

眾人一聽，都認為相當合理，唯獨一位名叫甄宇的博士不同意。又有人提出抽籤的辦法，全憑自己的手氣好壞，誰也不用抱怨，這也得到了大家的一致同意，可是甄宇還是搖頭。

這下，博士們全都按捺不住了，有人怒氣沖沖地質問道：「你到底打什麼主意？也不想想自己的資歷與身分，如此刁難，難道是想分最好的羊不成？」

其他人一聽，紛紛點頭，批評甄宇不知好歹。

甄宇嘆口氣道：「太丟人了！我們全都是號稱學富五車的大學士，竟然爲了區區一隻羊，鬧到這種地步，實在太丟人了！」說完，甄宇逕自牽起一隻又瘦又小的羊走了。

看著甄宇的背影遠去，在場的人全都啞口無言，羞紅了臉，紛紛低下頭，默默地隨意牽起一隻羊離開。

從此，博士們沒有再因爲分羊而起任何爭端。

貴爲漢朝「博士」的這些大學者們，個個都是學富五車的教育家，平日遍讀聖賢之書，滿口道德義理學問，看似氣度風範非凡，卻被分羊這件無關緊要的小事弄得如此緊張，形象盡失。追根究柢，不過就是爲了個「貪」字。

這些「博士」並非大奸大惡之輩，他們也是平凡人，與你我一樣，不過比較有學問罷了。不論唸了多少書，懂得多少學識，若是眼光不夠長遠，心智不夠清明，一樣脫不了私心、貪念的糾纏誘惑，這是身爲「人」無法豁免的弱點。

只要有人願意學習故事中的甄宇，把貪心的套結從自己的脖子上去掉，那麼，理智的思維就會重新回到腦中。想清楚，這些讓自己爭得面紅耳赤的事物，眞的值得嗎？非要把眼前的好處一網打盡，統統抓著不放才行嗎？

很多時候，答案都是「不」，既然如此，又何必爭呢？

願意求進步，成功就能抓住

一個人在成功前，必定先付出了相當的努力，如果對自己現在的成就不滿意，那麼就去找出能改善、能進步的空間。

俄國作家托爾斯泰說：「天才的十分之一是靈感，十分之九是血汗。」

許多人相信命定說，認為上天原本就不公平，總是賜給少數幸運兒較多的才能，而另外大多數的平凡人，則怎麼努力也無法獲得成功。

但是，所謂的「天才」，可能在大家所看不到的角落，默默付出了許多努力，這些辛勞得到的成果，卻被一無所知的我們認定為「天賜」。

同理，對於自身的失敗，我們也常常將責任推卸給上天，認為自己辦不到只是因為老天爺不賞臉。但，捫心自問，真是如此嗎？

呂蒙是三國時期吳國的大都督，在此之前，他不過是個普通的將領。周瑜死後，吳國大亂，吳主孫權任命周瑜的好友魯肅爲大都督，負責對抗北方的曹操和西方的劉備。

魯肅雖然不具備統領三軍的豪氣，但卻有伯樂之才，善於發掘人才並培養任用。在吳國的衆多將領中，魯肅唯獨慧眼相中呂蒙，認定他日後必能成大器，於是加以培養，希望有朝一日能夠代替自己成爲吳國的棟樑。

每每在召集衆將開會研究軍情的時候，魯肅總是有意無意的點名呂蒙發表意見。呂蒙本是一員武將，講話缺乏連貫性，經常遭到衆人的恥笑和批評，但是他的意志堅決、頭腦冷靜、思路清晰，使魯肅感到很欣慰。呂蒙也有感於魯肅的欣賞和提拔，暗自下苦功夫研讀古今兵書戰策。

這一天，魯肅又召集衆人開會議政，仍然準備點名呂蒙在大夥面前講幾句話。不過，還沒等到魯肅開口，呂蒙就主動站起來發言，而且說得頭頭是道，從遠古夏商周一路講到春秋戰國時期的各種典型戰例，如何以弱勝強，如何知己知彼講述得十分清晰。

這場演說徹底征服了在場的各位將領，連魯肅都感到非常意外，驚訝地說：「呂蒙將軍，才多長時間而已，想不到你已經有了這麼大的進步！看來，現在的呂蒙不再是昔日的吳下阿蒙！」

呂蒙則回應道：「有志者，就應當時刻嚴格要求自己，不斷地學習和進步，讓大家刮目相看。」

日後魯肅病逝，呂蒙果然代替他成爲了吳國的大都督。

呂蒙之所以能成大事，在於懂得要求自己、鞭策自己，讓別人感覺到自己的進步，並以此爲目標，不斷努力，自我磨練。能夠如此持之以恆地充實自我，改善自身的缺點，離功成名就的日子，當然也不會太遠。

不妨問問自己，離開學校，踏進社會或工作崗位之後，仍能持續不輟地進修，充實自己的知識與能力嗎？對於缺點是視而不見、不以爲意，或是不斷努力改善呢？又或者總是什麼都不做，只希望盡情玩樂、享受、混日子？

不要將成就高低的成因推給上天、推給時運。

一個人在開創一番功業之前，必定先付出了相當的努力，如果對自己現在的職位或成就不滿意，那麼就去找出能改善、進步空間。呂蒙就是因爲不服輸、不認命，所以能夠克服障礙，樹立一個最好的榜樣。

在這世界上，沒有救不了的毛病，只有不願進步的人。

尊重，才能換得心悅誠服

尊重別人，就是尊重自己，這不但能提升自己的格調，還可能順利化解許多波折與不幸，克服艱難的挑戰。

巴爾札克曾說：「一清如水的生活，真誠不欺的性格，即便心術最壞的人也會對之肅然起敬，無論在哪個階層。」

有一種行爲、一種態度，可以滌淨人的醜惡、提升人的格調，不分階層、族群甚至敵我。一旦我們做到之後，即使身處最混亂的時代與環境，都能收到相對的效果，那就是「尊重」。

三國時代，諸葛亮率領大軍征討南方部落，七擒孟獲，最後終於將他收服。平定了南中的蠻夷叛亂之後，諸葛亮任用以孟獲為首的當地首領為官吏治理南中，把軍政大權和地方治理權全部交給了這些當地首領們。

有人對這件事非常不理解，建議諸葛亮：「南蠻的心理難以預測，雖然今天順服了，明天仍有可能再次發動叛亂。應該趁著他們投降的大好時機，設置官吏治理當地百姓，才能夠使他們徹底歸順和臣服。不出十年，蠻夷必能成為蜀國的良民，這才是上上之策。」

諸葛亮聽此建議，先是和顏悅色的稱讚了一番，然後才語重心長的說：「如果設立漢人官吏，就要留下軍隊，但這裡無法提供足夠的糧食，此為困難之一。再說，南蠻剛剛經歷過戰亂，許多人的父親兄弟都死了，如果留下官吏卻沒有足夠的軍隊保護，必然引起禍患，這是困難之二。另外，許多當地人都犯有該被殺頭的罪，如果另設官吏，終究難以使他們相信自己會被饒恕，很容易再次產生矛盾和摩擦，此乃困難之三。而任命孟獲等當地首領統治南中，一方面說明了我方的絕對信任，他們必定會懷著感激的心情，盡全力治理好當地的事務；另一方面，當地人畢竟對南中的各方面情況比較熟悉了解，文化語言和風俗習慣也能相通，擁有治理南中的絕大優勢。我方既不用留下軍隊，也不必運送糧草，能使人民之間相安無事，這就是最大的成功啊！」

諸葛亮的一番話不僅說服了持反對意見的漢族官吏，並順利地使以孟獲爲首的南中各部落頭目心悅誠服，誓言不負蜀漢，永不叛亂。

有位作家曾寫道：「可以用舌頭解決的事，用拳頭不一定可以解決。」

用「拳頭」可以解決的事，大都可以用「舌頭」解決，因此，當我們面對難以解決的問題時，有時候用「蠻力」不如用「腦力」。

諸葛亮尊重南中的領導者與人民，尊重當地的風俗民情，不因他們是手下敗將而步步進逼，同樣的，南中的領導者與人民也以相同的善意來回報，這就是互相尊重的最好示範。

希望讓人打從心裡敬重、順服，就得給予對方相對應的尊重與敬意，這是刀槍劍戟、武力欺凌鎮壓無法達到的。

唯有眞誠、了解以及尊重，才能由內而外讓對方感受到自己的心意，進而得到對方的善意回應。

做人做事都是如此，不論面對至親好友、陌生人，甚至敵人，我們都必須心存尊重。

尊重別人，就是尊重自己，這不但能提升自己的格調，還可能順利化解許多波折與不幸，克服艱難的挑戰。

當敵人也對我們心存敬意時，還有什麼事情辦不到呢？

03

循循善誘，才能讓頑石點頭

才人亦如良馬一般桀驁不馴，
斷不能用平常的方式來馴服，
而是應該放下身段，
以靈活柔軟的態度來包裝諄諄善意。

拋開偏見，才能顧全大局

若要為大局著想，便得把個人恩怨放在一旁。如果人人都斤斤計較彼此的仇怨，只會讓原本已經出現罅隙的團體更加分裂。

假設你身爲一位經理，公司要將一個非常重要的職務，交給某個你十分不欣賞的人來擔任，並告訴你已經沒有別人比此人更適合的時候，你會如何反應？是允許？抑或反對？

張所，字叔夜，南宋高宗時曾經上書斥責當時的宰相黃潛善，兩人因此結下不解之怨，後來便被黃潛善藉故貶至江州。

當時宋朝正和金國交戰，以韓世忠、李綱為首的主戰派力主必須一舉擊退金國的侵略，否則遺患無窮。

當時，河北正處兩國交界，連年的戰亂導致民不聊生，如果此處不設法穩固，金國的兵馬將長驅直入揮軍中原，必會危及首都。經過朝議，宋高宗決定授權禮部尚書李綱，選擇一人為河北宣撫司使，專門掌管河北軍務。

李綱左思右想，經過良久考慮後，覺得只有一個人能夠勝任此職，那就是因上書斥責黃潛善而被貶官江州的張所。李綱深知張所為人性情剛烈，不可能向敵軍屈服，又善於領兵作戰，是河北軍務最適宜的負責人選，可是由於張所和宰相黃潛善素有嫌隙，李綱便不敢擅自做主，深怕因此得罪當朝宰相，但是軍情緊急，又拖延不得。

過沒幾日，李綱在路上遇到黃潛善，邀他到家中喝酒談心，黃潛善欣然前往。

酒過三巡之後，李綱終於委婉開口：「黃丞相，如今金國大兵壓境，河北危在旦夕，國家處境非常艱難啊！大宋江山弄不好會淪落到異族手裡。我們身為朝廷大臣，肩負著天下安危的重任，各地的士大夫們卻個個只求自保，不願意應召前來為國家效力。上次朝廷決議設置河北宣撫司，下官曾和不少人提及此事，但可嘆的是竟沒有可用之才願意前往就任。」

黃潛善說道：「這的確是個大問題，河北乃中原門戶，一旦落入敵方手裡，我大宋江山便岌岌可危了。宣撫司一職，你心目中可有合適人選？」

李綱見黃潛善有意討論此事，機不可失，便趕緊說道：「只有一個人能夠勝任，就是張所。但他曾經因爲狂妄自大，出言不遜而冒犯過黃丞相您，但現在形勢緊迫，實在不得不任用。要是將他派至河北擔任宣撫司一職，一則替大宋朝守住門戶要地，一則冒死立功以贖罪過，不知黃丞相您意下如何？」

黃潛善一聽，也覺得李綱言之有理，欣然點頭同意。

若要爲了大局著想，便得把個人恩怨放在一旁，就算有天大的仇恨，也得暫時忘記。

如果人人都斤斤計較於彼此間的虧欠與仇怨，只會讓原本已經出現罅隙的團體更加四分五裂。

就像是同住在一棵樹上的動物，要是彼此只顧著惡鬥，如此越演越烈，惡化下去，等到有一天大樹倒了，生活在上面的所有生物便將統統失去賴以維生的憑依，等到那時再懊悔昔日的糊塗與狹隘心胸，已經沒有任何意義。

李綱是一位敢於直言且富溝通技巧的忠臣，除了敢說實話，不怕被怪罪，更難能可貴的是將一件事娓娓道來，分析得清楚明白，讓黃潛善即刻體認到其中利弊所在，殊爲不易。

放眼周遭，我們身邊除了充斥著說話尖刻、得理不饒人的「毒舌」型人物，也不乏長袖善舞、說話八面玲瓏的「公關」式嘴臉，但就是不容易找到兩者兼得的人才。如果我們是上述的其中一種類型，不妨學學另一種人的優點，爲自己的處世智慧多多加分。

互相尊重，才能創造「雙贏」

很多事情本來就是一體之兩面，無對錯之分，要注意的，不過就是取得「尊重自己」與「尊重他人」兩者之間的平衡罷了。

有一種人驕傲自大，思考時總是以自己爲立足點出發，很少顧慮到其他人的想法。這種唯我獨尊的態度，換句話說，就是太過「自我中心」。

有另一種人，事事遷就他人意見，自己拿不定主意，不是瞻前顧後，便是畏首畏尾。面對這種人，我們便會認爲他「自信不足」。

在思考這兩種不同的對比前，先看一個有關「自尊」與「尊重」的故事。

北宋時期，遼國的實力已經非常強大。

宋朝皇帝很畏懼遼國，畢竟他們兵強馬壯，實力不容小覷，一旦開戰，大宋勢必元氣大傷。與此同時，宋朝北部的金國也日漸強盛，如果遼金聯合一同打宋，或者金趁遼宋相爭的機會坐收漁翁之利，那大宋的江山就難保了。

形勢如此不利，大宋皇帝認爲，最好的辦法就是先穩住大遼，於是派大臣蘇子容出使遼國，以促進兩國友好關係。

蘇子容領命，很快帶上大隊人馬，押運著十多車金銀珠寶、蠶絲衣物，浩浩蕩蕩往遼國出發了。到達目的地時，正好遇上遼國的冬至。

按照當時的曆法，宋朝的冬至要比遼國來得早，相差了正好一天。

蘇子容來到大遼，安頓好後稍做梳洗，便前去拜見大遼皇帝。大遼皇帝很是傲慢，對蘇子容根本不屑一顧，但蘇子容還是恭恭敬敬地行禮，說明自己前來的目的，沒有因爲對方的態度而顯露出絲毫不悅神色。

這時，有大臣前來稟報，冬至慶典即將開始，請遼國皇帝前往觀禮，皇帝於是邀蘇子容一同前去。慶典很是熱鬧，有各種歌舞、雜技演出，好不精彩，大遼皇帝不住拍手叫好之餘，意味深長地瞄了蘇子容一眼，得意地問：「蘇大人，你看我們冬至的慶典不錯吧？可是我聽說，你們大宋的冬至要比我們早一天，不知道哪一種曆法才正確呢？」

蘇子容知道這是大遼皇帝有意刁難，如果自己說宋朝的曆法對，就等於否定了遼國的曆法，對方肯定不會高興，這一趟出使目的將無法達成，可是又不可能為此討好對方而否定自己國家的曆法，讓人笑話。

想到這，他忽地靈機一動，從容答道：「每個國家在制定曆法時，因為風土氣候相異，採取了不同的方法來計算時間，所以難免有早有晚、有先有後。事實上，只要根據本國曆法行事就可以了，根本無所謂對錯啊！」

大遼皇帝聽了這番不卑不亢的回答，相當欣賞，馬上改變了之前傲慢的態度，視蘇子容為尊貴的客人。

很多事情本來就是一體之兩面，並沒有對錯之分，要注意的，不過就是取得「尊重自己」與「尊重他人」兩者之間的平衡罷了。

蘇子容的答案能夠博得大遼皇帝的好感與欣賞，是因爲他身爲求和使節，卻還能夠在不得罪對方的前提下，不過分貶低或膨脹自己，而是以自重且彼此尊重的態度，尋求平衡，這是相當不容易的。

尊重他人並不代表必須貶低自己，要讓別人尊重你，更不需要貶低他人。

唯一的正確態度，是同等地尊重他人與自己，這樣才能夠在「人」與「我」之間找到一個平衡，以不自我膨脹，也不自貶自卑的態度，泰然面對這個世界上所有接踵而來的挑戰。

天賦異稟，也需要精益求精

所謂的「天才」，絕不只是憑靠天賦就能超越常人。倘若不願意花工夫琢磨，好劍成不了利劍，好弓也成不了良弓。

享譽中國近代文壇的傑出作家魯迅在面對別人的羨慕眼光時，曾經這樣回答：

「哪裡有天才？我是把喝咖啡的功夫都用在工作上了。」

社會上有許多功成名就的人物，我們常常只看見他們光彩的一面，看見那種意氣風發、得意睥睨的模樣，便將他們所得到的成就，全部歸功於老天的青睞或偏愛。

然而，事實眞是如此嗎？只靠著天賦，就能夠保證成功嗎？

明朝初年有個神童，名叫季子壯。小小年紀便能將四書五經倒背如流，任何東西過目不忘，稍微給一點啓發便能馬上舉一反三，觸類旁通，再加上吟詩作畫無一不能，沒過多久，名聲就響遍了全國。

他的父親季丘，見到兒子如此有出息，又驚又喜，整天把兒子捧在手心裡，像個神明似的供著，除此之外逢人就誇耀：「你看看我兒子，天下的書，沒有他不懂的；天下的人，沒有誰的聰明才智更勝過他。」

當時有個學者叫莊元臣，曾經做過太子太保，學識淵博，知書達理，是個著名的教育家，和季子壯的父親是多年好友，經常一起飲酒聊天。

他看到季丘如此溺愛季子壯，整天吹噓，卻沒有勉勵兒子繼續用功讀書，就勸季丘道：「賢侄確實天資聰慧，百年難得一見。依我看，應該讓子壯好好用功讀書，培養勤奮好學的良好習慣，同時學會謙虛，尊師重道，這樣才能夠在不久的將來成就一番大事業，爲國家出力，爲家族爭光。如果只顧四處宣揚誇耀他的長處，忽視對其他各方面的啓發和教育，必然會貽誤孩子的前途，一點好處都沒有。照現在這情況繼續下去，子壯早晚會吃虧的。」

莊元臣的良諫並沒有引起季丘的重視，反而相當不以爲然，心下暗想，自己有個好兒子，天資聰穎過人，比同齡孩子強出一大截，當然要好好表揚他；莊元臣沒有這樣的兒子，想必是心生嫉妒了吧！他越想越不高興，便把莊元臣的話當作耳邊風，很快忘得一乾二淨。

此後，整天沉迷在誇耀和讚揚聲中的季子壯幾乎不再學習新知識，只是每天跟著父親四處走親訪友，和別人高談闊論。過了大約十年光景，不求上進的季子壯果眞變得和平常人沒有什麼不同，昔日的神童，居然被他的父親「培養」成了一個再普通不過的少年。

驚覺到這個事實，做父親的季丘才想起當年莊元臣說過的話，只好登門求教，莊元臣搖搖頭嘆了口氣：「這並沒有什麼好奇怪的，雖有質地精良的劍，如果不好好加以磨礪，也不可能削鐵如泥；雖然有上好材料製造成的弓，如果不用器具矯正，也無法百發百中。孩子的成長也是同樣道理，子壯小的時候非常聰明，是塊好料子，可是你並沒有好好的培養教育，所以長大以後，他就和別人沒有什麼不同了。」

莊元臣所言，與魯迅所透露的，都是一樣的訊息。我們口中所謂的「天才」，絕不只是憑靠天賦就能超越常人，還需要磨練、需要下苦工培養。倘若不願意花工夫琢磨，好劍成不了利劍，好弓也成不了良弓。

缺乏鍛造，便等同於失去了更進一步、更上一層樓的可能，最後只能與那些俗物、凡物歸爲同類而已。

我們常聽人說「小時了了，大未必佳」這句話，爲什麼小時候很厲害的人，長大後卻變得不怎麼樣呢？那些在小學時成績與行爲表現優秀的學生，長大後便一定能夠出類拔萃嗎？答案當然是否定的。

只靠天資的聰明，不可能持久，如果缺乏努力與實踐的精神，即便是上天賜予如愛因斯坦一般的傲人天分，最後終究難逃一事無成的結果。

循循善誘，才能讓頑石點頭

才人亦如良馬一般桀驁不馴，斷不能用平常的方式來馴服，而是應該放下身段，以靈活柔軟的態度來包裝諄諄善意。

近代兒童教育家陳鶴琴曾說過一句名言：「在教育方面，誘導比威嚇、叨唸、打罵都來得好。」

常聽人抱怨時下的年輕一代「不愛看書、不長進、不受教」，說的人搖頭嘆氣，聽的人也是感同身受，似乎都認為再這樣下去，國家社會的未來非要完蛋不可。不過，事實未必如此，很多年輕人都擁有傑出的資質天賦，若想要好好教育他們，就要換個不同的教育方法。

王守仁是明朝時期著名的哲學家和教育家，世稱陽明先生。當時還有另一位著名的人物，名叫王龍溪，字汝中，進士出身。

王龍溪年輕的時候，因聰明過人而遠近聞名，天生好交遊，日日和人在酒館和賭場飲酒下棋，尋歡作樂，每回都喝得酩酊大醉，輸得一場糊塗。

王守仁聽說王龍溪是個難得的人才，又聽說他整天遊手好閒，出沒於酒館賭場之間，就想和他當面談談，收爲弟子，好好栽培他。但王龍溪整日外出鬼混，像王守仁這樣潔身自愛，又有操守的儒者根本找不到時機接近他。

經過思索推敲之後，王守仁終於想出一個辦法來，不再如先前那般積極試圖接觸王龍溪，反而讓自己的弟子們開始學著玩棋賭博、飲酒作樂，一段時間之後，才派一個弟子偷偷跟蹤王龍溪。

這個弟子平日就不喜歡讀書，每天只想著如何淘氣玩耍、下棋飲酒，喜愛四海交遊的性情脾氣比起王龍溪，眞可說是有過之而無不及。

他隨同王龍溪來到一家酒店後，便上前要求一起賭博，王龍溪一看是個書生，大聲笑道：「你們這些迂腐的儒生，每日只會搖頭晃腦、吟詩作對，舞文弄墨，竟然也敢來和我賭？我非把你的老本全部贏光不可！」

那個弟子笑答：「那我們就試試吧！」

結果竟是王龍溪輸了個精光。

王龍溪覺得有些奇怪，心想自己整天吃喝玩樂，下棋賭博，怎麼會玩不過他呢？就請問對方有何高招。弟子回道：「沒什麼，我們天天在老師家裡賭博，下棋喝酒更是家常便飯。」

王龍溪聽說如此，感到十分驚訝，連忙請求那個弟子爲自己引薦，前往拜訪王守仁。來到學館，兩個人一見面，王龍溪當場被王守仁氣宇軒昂的風采氣質折服，即刻拜王守仁爲師，成了他的弟子。

在王守仁悉心教誨和循循善誘下，王龍溪的學業突飛猛進，成爲衆多弟子中最爲出色的一個。日後，每當別人提及他年輕時候拜師的往事，王龍溪總是感慨萬千地說：「老師的高明之處，我這輩子實在望塵莫及。」

「循循善誘」四個字，就是王守仁之所以能將王龍溪引向成功之路的關鍵。爲了這個原因，王守仁甚至可以讓學生在上課時下棋喝酒，藉以吸引王龍溪的注意，讓他主動接近。

王龍溪一開始並不受教，更沒有半點好學生的樣子，但是王守仁並不因此放棄，也不感到苦惱生氣，而是站在學生的角度，思考出能夠眞正引起對方興趣與學習之心的方法。

有時候，才人亦如良馬一般桀驁不馴，斷不能用平常的方式來馴服。

如果當初王守仁是以高高在上的態度來勸說王龍溪，依王龍溪的個性，絕對沒有辦法及時接受，當然，也就不會有一代名士的產生。

如果眞的是爲了對方著想，就應該放下身段、拋棄固執的想法，以靈活柔軟的態度來包裝諄諄善意，以親切代替威脅、嘮叨及告誡，才能成功打動對方的心，達到眞正的目的與效果。

勇於嘗試，就能掌握成功的契機

在放棄之前，永遠都有再站起來的機會，但等到舉手投降，就算老天賜給我們多好的良機，我們都已經失去了掌握的能力。

印度詩人泰戈爾曾經在作品中寫道：「如果錯過太陽時你流了淚，那麼你也要錯過群星了。」

一次、兩次，甚至是無數次的失敗，可曾讓你在面對機會時裹足不前、猶豫不決？如果是這樣的話，讓我們一起來讀讀這個故事。

明朝時，蘇州有個名叫文若虛的商人，做什麼生意都虧本，鄉里眾人就給他起了個綽號叫「倒運漢」。

這一年他又賠了錢，心裡悶得不得了，於是打算隨著商船出海，看看海外的風光，紓解一下煩悶心情。

臨行前，他拿了朋友送的一兩銀子，買了好幾簍橘子，打算帶在路上當零嘴吃。

這一天，船行到了一個國家，商人們都拿著自己的貨物上岸和當地居民交易去了，文若虛突然想起自己帶上船的那簍橘子，也不知道壞了沒有，趕緊搬出來，攤在甲板上吹風。

橘子紅艷艷的，煞是好看，岸上行走的人見狀全都圍過來，有人忍不住開口問道：「這是什麼好東西，這樣好看？」

文若虛拿起一個橘子掐破就吃，而且吃得津津有味，圍觀的人驚道：「噢，原來是吃的啊！」有個好事的人便過來問道：「多少錢一個？」

文若虛不懂他們的語言，心想一定是在問價錢了，於是伸出一個手指。

那人相當乾脆，馬上掏出一文銀錢買了一個，聞聞撲鼻的香味，忍不住剝了皮，一口塞進嘴裡，甘甜的橘汁頓時塡滿了喉嚨，滿意地哈哈大笑：「太美妙了，簡直是人間極品啊！」說完又摸出十幾文銀錢，說是買十個獻給國王。旁人看了相當心動，全都掏錢要買，不一會兒工夫就賣出了一大半。

文若虛看剩下的橘子不多，又那麼受歡迎，就伸出兩個手指，意思是要漲價了，每個橘子兩文銀錢。

正在此時，第一個買橘子的人騎著一匹駿馬，飛奔而來，大喊道：「別零賣了，國王說他全都要了。」說著遞給文若虛一個包袱，便連橘子帶簍一起拿走。

文若虛數了數，這一簍橘子竟然賣了一千多文銀錢，約一百兩銀子，簡直是一本萬利的買賣。

不久，其他商人陸續回到船上，聽說了這件事，都說：「倒運漢如今終於要轉運了。」並勸他繼續做這門生意，一定能發大財。

可是，文若虛卻憂慮的想：「我那麼倒楣，每次都是賠個精光，血本無歸。好不容易僥倖賺了一點，還妄想什麼？萬一和從前一樣，再虧了，哪裡還有橘子來賣啊！不行，不幹不幹。」

無論旁人怎樣勸說，他終究還是放棄了這個鹹魚翻身的機會。

經歷過失敗的人，誰不想東山再起？但是，如果是兩次、三次、十次、無數次的失敗之後呢？當挫折取代了成功成爲家常便飯，還有多少人能夠一而再、再而三地站起來？

儘管機會之神已經來到門口，許多嚐盡失敗的人往往還是選擇放棄，拿不出再努力一次的勇氣與膽識。

不要輕言放棄。在放棄之前，永遠都有再站起來的機會，但等到舉手投降，再也不抱希望，再也不願努力之後，就算老天賜給我們多好的良機，我們都已經失去了掌握的能力。

經驗的智慧無比珍貴

即使有了許多的知識，仍然需要一些經歷了時間與真實生活考驗的「智慧」，方能指引我們、幫助我們，找出最正確的方向。

德國哲學家赫姆霍茲說過：「當登上了最後頂峰，你將會羞愧地發現，正因為當初欠缺找到正確道路的眼光與智慧，錯失了那條直達終點的陽關大道。」

如果沒有足以讓我們清晰明白看見前路的「智慧」指引，得要繞多少的冤枉路才能到達目的地？又有多少人會因爲這樣，在還沒有到達終點之前，就已經宣佈棄權了呢？

除了決心，還要求取智慧，這智慧必須從生活中來、從經驗中來，否則，想要追求成功，無異於大海撈針。

河北滄州南方，有一座臨河而建的寺廟，某年當地發生地震，山門倒塌在河裡，連門口的兩隻石獸都一同下沉到河中。過了十多年，和尚們籌集了一些錢，準備重修山門，便派人到廟門口的河中打撈石獸，可是撈了大半天也沒有收穫。

眾人心想，石獸一定是順流被沖到下游去了，打撈隊伍便駕駛著幾條小船，拖著鐵耙沿途搜尋，可是走了十多里，還是不見石獸蹤影。

有個在廟中開館授課的教書匠，聽說和尚們到河中打撈石獸這件事，便笑著說道：「你們太沒腦子了。這石獸又非木片，難道還能被暴漲的河水沖走不成？石頭的質地堅硬沉重，而河中沙性鬆浮，石獸淹沒在沙地裡，自然會越陷越深，沿河往下找，豈不可笑！」

人們聽了，都覺得十分有道理，紛紛心服口服的說：「先生這話說得有理！」連忙分頭準備挖泥土的鐵鏟。

第二天一大早，一批年輕力壯的小伙子就拿著工具，下河去挖石獸。河水很深，即使水性再好的人也很難待上太久，挖不了多久就得換人接手，就這樣一批又一批，挖了許久還是不見石獸的影子。

這時一個老河兵經過，看到這麼多人都圍在寺廟前，一打聽才知道是在挖石獸，哈哈大笑的說：「大凡掉到河裡的石頭，都要到上游去尋找。」

人們一聽，都認爲老河兵是傻子，嘲笑道：「石頭那麼沉，怎麼會跑到上游？你不要在這裡胡說八道了，快走吧！」

老河兵並不生氣，不急不徐地解釋：「石頭的質地堅硬沉重，而沙性鬆浮，河水沖不動石頭。」

「這道理我們也知道，既然這樣，石獸就一定在寺廟附近了，不是嗎？」

老河兵搖搖頭，分析說：「雖然河水沖不動石頭，但是它的反作用力一定會在石頭迎水一面的沙土中沖出一個陷坑，而且越沖越深，最後讓石頭翻過來落在陷坑裡。接著，河水又再次把沙沖成陷坑，石頭又再次翻轉過來，如此翻轉不停，反而緩緩地逆流而上。到河的下游去找石頭固然可笑，在河底挖坑去找，一樣聰明不到哪裡去。」

眾人按照老河兵的話去做，果真就在上游不遠處找到了石獸。

要不是有老河兵的經驗分享，這些人恐怕找上十年，都還找不到石獸呢！智慧常常是生活經驗的累積，它不只是書本上的死知識，而是足以指引我們的明燈。也因此，才會常常有人這樣說：「把觀察與經驗和諧地應用在生活上，就是智慧。」

和尚與教書匠，讀過的書可會少？但他們在遇事的判斷上，卻遠遠不及老河兵準確。

這說明了，即使在腦中已經有了許多知識，仍然需要一些經歷了時間與眞實生活考驗所累積的「智慧」，方能指引我們、幫助我們，找出最正確的方向。

學習，不只是閱讀的累積

讀死書，不如不讀；盡信書，不如無書。因為讀死書，空記了一堆知識卻不明白前因後果，只會造成負面效果。

清代的知名文人鄭板橋，曾經做過一首打油詩：

讀書數萬卷，胸中無適主；便如暴富兒，頗為用錢苦。

讀書數萬卷又如何？如果從中讀不出自己的意見與心得，不過徒增困擾而已。這個道理，用在什麼地方都一樣。

讀書最重要的，應當是這些閱讀、這些知識，或是這些體驗、這些練習，能不能內化成我們生命的一部份。

孔子不僅是一位偉大的教育家，也是一位出色的音樂家，既會唱歌，又能彈琴作曲，同時具有高超的音樂鑑賞評判能力。

孔子從小喜好彈琴，並勤於思考，善於鑽研，因此年輕的時候便有非常出色的表現。但是孔子並不以此爲滿足，他知道單憑自己的努力很難有更大的突破，於是在二十九歲那一年，前往當時著名的音樂家師襄拜師門下。

一日，師襄交給孔子一首曲子，讓他自己練習，孔子廢寢忘食，日夜彈唱，足足練了十天，仍然沒有停下來的意思。

第十一天早上，師襄一起床，聽到從庭院中傳來琴聲與歌聲，仔細一聽，仍是那首曲子。師襄忍不住便走出屋外，和藹地對孔子說：「你已經彈了很久，現在可以換首曲子來練了。」

怎知孔子認眞地回答道：「我雖然已熟悉它的曲調，但還沒有摸透它的規律，所以仍需要繼續練習。」說完便又彈了起來，師襄也沒有加以阻攔。

過了一段時間，師襄覺得孔子的琴藝已有大幅進步，於是再次對他說：「你已經摸透這首曲子的規律，可以換首曲子練了。」

不料，孔子停下琴，禮貌而恭敬地回答道：「老師，我雖然摸透了它的規律，但是還沒有領悟到它音樂的形貌，恐怕還得再花上一些時日練習。」

師襄以前教過許多學生，形形色色的人都有，但從沒有碰到一個像孔子這般執著而好學的，不禁心下暗想，此人將來必成大器。

如此又過了一段時間，師襄發現孔子神情莊重，四體通泰，好像變了個人似的。一次，孔子正在庭院中練琴，師襄悄悄地走到他身邊，凝神傾聽他的彈唱，深深地陶醉於優美琴音中。

一曲彈罷，聚精會神的孔子轉過身來，驚奇地發現老師早已站在自己身後，於是便作揖行禮，對師襄說道：「老師，我已經體會到音樂形貌了，他黑黝黝的，個兒高高的，目光深遠，似有王者氣概，非文王莫屬也。」

師襄聽罷，心裡大吃一驚，因爲此曲正好名叫《文王操》，但他事先並未與孔子言及。

師襄對孔子說：「你說得很好！但你又是怎麼知道的呢？」

孔子不慌不忙地答道：「施行仁政的人推崇偉岸，鼓吹和平的人愛好粉飾，充滿智慧的人喜歡彈唱，殷勤鑽營的人則追求艷麗。這首曲子剛健有力，高亢激昂，學生於是能夠推斷出是由文王所作。」

師襄聽後，大感欽佩，連連點頭稱許。

由於孔子本身的刻苦學習和勤於鑽研，再加上師襄的高明點撥，他的琴技很快就趨於爐火純青的境界。

孔子不只是一位大思想家、大學者，從他學琴的態度中，我們更可以看到他在學習方面那種堅持追根究柢、窮究奧妙的嚴謹態度。他練琴，並不只滿足於熟悉一首曲子的曲調、規律，還會進一步要求自己理解隱藏在音樂最深層的意象，如果沒達到那個程度，他便會一直練下去。

想想看，我們在學習任何事物的時候，是否也能有這樣的態度嗎？

讀死書，不如不讀；盡信書，不如無書。因爲讀死書，空記了一堆知識卻不明白前因後果，只會造成負面效果罷了。

如果我們不能把一本書讀通、讀懂，把一門學問弄通、弄懂，而只是會賣弄一些文句上的、淺顯表面的東西，那麼讀這些書又有什麼用呢？

不能光有樣子，沒有裡子

當有一天，一切亮麗的外在事物終於抵不過時間的摧殘而衰敗、逝去時，唯一能夠永不褪色的只有充實的內在而已。

泰戈爾曾寫過這麼一段詩句：「你可以從外表的美來評論一朵花或一隻蝴蝶，但你不能這樣來評論一個人。」

在這個年代，誰不注重外表？誰不注重排場和噱頭？

電視上，一個個都是自詡走在流行尖端的藝人；辦公室裡，一個個都是以追求最新科技趨勢自我標榜的人，不時還脫口來兩句中英文夾雜的商業術語，唬得大家一愣一愣的。

不過，外表光鮮亮麗，內在就一定是真材實料嗎？

明朝時，杭州是全國首屈一指的繁華城市，商業極爲發達，不但林立著很多大大小小的店舖，充斥著來自各地的商人，街頭上挑擔叫賣的小販更是舉目皆是，各種農產器物在杭州都有買賣。

話說杭州城裡有一個賣水果的商人，因爲生意非常興隆，賺了一大筆錢，其中大部分的獲利，都是來自於他賣的橘子。

這個人特別精於保存橘子，有辦法將它們擺上一年都不腐爛，從外表看起來照樣金黃油亮，色澤鮮艷得如同剛採下來一樣。

他就是靠著這門絕活，先趁盛產期一口氣買進大量的橘子，有計劃的儲存起來，等到別人的橘子不新鮮時，他再拿這些庫存的橘子到市場上賣。當然，他的橘子要比別人的賣價高出好多倍，然而買主們看到外表那麼漂亮，當然仍是趨之若鶩，個個掏錢掏得心甘情願。

不過，有一次卻出了意外，有位客人看中了他色澤鮮艷的橘子，儘管價錢不低，仍是一口氣買了好幾個，沒想到回到家興高采烈切開橘子時，撲鼻而來的不是清香，而是一股難聞的怪味，仔細一看，果肉竟然已經全部發霉，而且乾巴巴地像一團爛棉絮。

花高價買回的橘子全都不能吃，教人怎麼不生氣？

這位客人於是拿著爛橘子到商人的攤子前，氣沖沖地質問：「這就是你賣的橘子嗎？你當所有的客人都是傻瓜和瞎子嗎？大家都來看看，看看這個騙子賣的爛橘子，這樣欺騙別人，太過分了吧！」

這時，群衆都被嚷嚷聲吸引了過來，得知情況後紛紛指責這個商人太沒良心，應該向客人道歉退錢才是。

誰知這位商人面對衆人的責難，卻一點也不覺得心虛，非但沒有羞愧，反而面帶微笑，理直氣壯地對顧客說：「我做買賣已經有很多年了，就靠這個生意來賺錢、養家餬口。放眼杭州城裡，曾向我買過橘子的人多不勝數，別人都沒有說過什麼，爲什麼就你一個人有意見呢？再說，現今這世界上欺詐騙人的比比皆是，又不止我一個，難道你就沒想過這個道理嗎？看看那些威風凜凜的武將，穿著將軍服，風采氣度完全不輸古時候的大軍事家孫子、吳起，可是他們之中有誰眞正懂得兵法呢？再看看那些身穿漂亮朝服，邁著方步、文質彬彬的官員大臣們，又有誰眞正掌握了治理國家的宏圖大略呢？」

商人接著說：「事實上，他們什麼本事都沒有，強盜橫行，沒有辦法剷除；老百姓生活困苦，不知道去救助；貪官污吏橫行，不曾想過如何整治。這些人一個個身居要職，享受著高官厚祿，住著豪華住宅，吃著山珍海味，喝著瓊漿玉液，乘坐大車駿馬，哪一個不是道貌岸然的模樣？又有誰不是像我賣的橘子一樣，表面上看起來如金似玉，實質上內在不過像堆爛棉絮而已，這些眞正的醜惡你都看不到，卻只看到我賣的橘子！」

這就是「金玉其外，敗絮其中」的道理。

賣橘子的商人雖然是在強辯，意圖爲自己脫罪，但我們還是不能忽略故事眞正要表達的涵義：千萬不能因爲一個人的外表出色，而忘了注意他的內在。

所謂的「外表」，廣義來講，不光只是指一個人的外貌，更是指他的排場、頭銜、學歷、甚至是口才。或許他能滔滔不絕地講述一件事，或是他過去擁有多麼傲人的學經歷，很多事對他來說都太容易……云云，不過，嘴巴講得天花亂墜是一回事，當你眞的把工作交給他的時候，那可能又是另外一回事了。

我們除了要避免犯下只用外表去判斷人的錯誤，同時，也應該努力成爲具有豐富內涵、可以被信賴、被人認定有能力有擔當的人。

因爲，外表縱使可以欺世盜名一時，卻不能留下任何具體的成績。總有一天，當一切亮麗的外在事物終於抵不過時間的摧殘而衰敗、逝去時，唯一能夠永不褪色的只有充實的內在了。

04

不要讓負面情緒在心中堆積

每天都生氣的人不一定活得快樂，
但憤怒確實需要排解的管道與方法，
忍氣吞聲絕非好事，
這是每個心理醫生都會同意的說法。

不要讓負面情緒在心中堆積

每天都生氣的人不一定活得快樂，但憤怒確實需要排解的管道與方法，忍氣吞聲絕非好事，這是每個心理醫生都會同意的說法。

法國文豪雨果寫過一句話：「容易發怒的人，不見得是嚴厲的人。」

有些人只要一不高興就會發火，讓人知道自己在生氣；另外一些人表面不動聲色，其實暗地早已火冒三丈。

想想，你是屬於哪一種人？

東晉大臣王述，生來性情極其急躁，不但家人不敢輕易招惹，連同朝爲官的大臣都知道他個性易怒，對他敬而遠之。

王述很喜歡吃滷蛋，這天，廚子又特意爲他準備了滷蛋，王述一看，高興得不得了，幾乎連口水都要流下來，迫不及待地拿起筷子就夾。

可是，雞蛋太滑了，怎麼夾也夾不住，這可急壞了耐性不好的王述，他乾脆換個方式用叉的，偏偏雞蛋像是故意要和他作對似的，連叉都叉不到。

王述試了幾次都不成功，大爲光火，再也無法忍耐，怒氣沖沖地把整盤雞蛋都掀到了地上。

看著雞蛋在地上不停打滾，他的火氣更大了，穿上木屐便下地用力去踩，眼看仍然無法消氣，他還一把將雞蛋從地上撿起放進嘴裡，狠狠地咬了幾下再吐出來。

謝奕，是東晉名臣謝安的哥哥，也是個性情粗暴蠻橫的人。一次，王述和謝奕同時參加廷席，席間，大臣們爲了一件小事發生爭論，以王述爲首的一派和以謝奕爲首的一派意見相左，各持己見，不肯罷休，最後還是在主人勸說下，兩方才停止爭吵，各自回到坐位上繼續喝酒。

謝奕認定王述故意不給他面子，越想越氣，結束了筵席回到家，火氣還是半點沒消，幾乎整個晚上都睡不好。第二天一大早，謝奕帶領著僕人浩浩蕩蕩來到王述家，毫不客氣地用力敲門，差點把兩扇大門給撞壞。

王述聽了僕人通報，匆忙穿上衣服，準備前去迎接。但還沒走出門，謝奕已經氣沖沖地闖了進來，劈頭蓋臉就是一頓臭罵。

謝奕肆無忌憚在王家大罵，王述卻不發一語，甚至還轉開了頭。花了足足有半個時辰，謝奕已經把嗓子喊啞了，這才罷休，帶著人離開。

這時候，王述轉過頭來，問身邊的僕人：「他們走了嗎？」

僕人回答：「走了。」

王述一聽，這才慢慢走到廳堂中坐下。此後，人們都稱讚他雖然性情急躁，卻能夠識大體，懂得有所容忍。

人生在世，總不會萬事都順心，就算修養再好的人，也會有發火的時候。

負面的情緒就像是地底下不斷產生的能量，必須適時宣洩。常常產生地震的地殼不容易累積能量，所以雖然不時搖動，卻總也不至於造成大禍。而那些百年才爆發一次的大地震，正是因為長期以來累積了太多的能量，一次全部炸開，才會造成地動天搖、傷亡驚人的慘劇。

當然，每天都生氣的人不一定活得快樂，但憤怒確實需要排解的管道與方法，忍氣吞聲對自己絕非好事。王述性急易怒的個性確是一大缺點，但他脾氣發過就忘，以及能容忍他人的兩項優點，卻相當值得我們學習。

負面情緒就像垃圾，儘管處理的方法需要考量深思，但重要的是，絕不能任它一直在心中堆積。不懂抒發，情緒的垃圾會在心中不斷腐爛、變質、發臭，等到終於失控爆發的那天，必定會傷人又傷己，令人後悔莫及。

慎選接近你的人

朋友是彼此不斷影響、互相塑造的，真正的朋友，必須像一面明亮且忠實的鏡子，指出不足之處，讓我們據以檢討改進。

英國大哲學家培根有句名言：「缺乏真正的朋友乃是最純粹、最可憐的孤獨。沒有了友誼，世界不過是一片荒野。」

父母、兄弟姊妹等家族血親，是打從我們呱呱落地時就註定好，無可改變的，朋友則不同，朋友是我們自己選擇與之交往、與之交心的人，並非與生俱來，也不會憑空而降。

與什麼樣的人做朋友，與什麼樣的人親近，決定權在自己的手裡。對於朋友的選擇，不可不小心謹慎，更應時時反省警惕，問問自己，身邊究竟有沒有「眞正的朋友」？

西晉大臣傅玄品學兼優，爲人正派，很受皇帝敬重，被請來擔任太子的老師。皇帝期望他不僅能教會太子做學問的方法，更重要的是讓他了解做人的道理，將來才能成爲一個好皇帝。

太子府裡的人很多，除了宮女、太監外，還有大批辦事的官員，但是眞心對待太子的人卻很少，絕大多數只會討好奉承而已。

當時，太子年紀尚輕，喜歡玩耍，不喜歡讀書，傅玄發現太子絲毫沒有明君風範，而且無論做了什麼荒謬糊塗的事，身邊的侍從也只是一味奉承誇獎，令他感到十分憂慮。

過幾天，傅玄趁著爲太子講課的時候，便提到：「要想做一個好人，一定要接近正直的人。就像經常接近朱砂，就一定被染紅；而常接近墨水，則會被染黑。對自己的言語行爲也必須嚴格要求，只有這樣才不會受到惡劣環境的影響，使正派的人聚攏到自己身邊。記住，聲音清亮，回聲就一定甜美；身體站得直，影子就一定不傾斜。」

傅玄繼續解釋：「您如果接近正人君子，符合道義的話就會聽得多，行爲自然也能逐漸符合規範準則。」

不久，皇帝聽說了這件事，很欣賞傅玄當時所說的話，就命人把這些語句寫在屏風上，放在太子房中，讓他每天讀一遍，以時刻提醒自己，勉勵自己。

「近朱者赤、近墨者黑」雖只是短短的一句話，卻明白地闡釋了交友的最高準則，因而千百年來爲後人傳頌。

身邊朋友的好壞，足以左右我們的品行與成就。交往的過程中，朋友是彼此不斷影響、互相塑造的，應該審慎選擇。

俄國作家法捷耶夫曾經這樣說：「友誼！世上有多少人在說起這個詞的時候，指的是茶餘飯後愉快的談話與相互間對弱點的寬容，可是，這跟真正的友誼有什麼關係呢？」

眞正的朋友，必須像一面明亮且忠實的鏡子，指出言語行爲的不足之處，讓我們據以檢討改進。

至於那些只會一同尋歡作樂、不言己過的酒肉朋友，根本不能算是眞正的朋友。

古今中外哲人對於朋友的選擇，曾經提出相當多的建議與見解，但他們所要說的，終歸一個觀念——謹愼選擇朋友。

若身邊都是發奮向上、誠實待己的人，自然能夠從他們身上得到讓自己更上一層樓的動力；倘若身邊都是一些貪圖逸樂、虛與委蛇的人，我們又怎麼可能步上成功的道路呢？

主宰命運，不要被命運主宰

所有的先天不良，都能以後天的努力、勤奮來彌補。只要有毅力，堅持到底，便不會屈服於所謂的命運。

法國大文豪雨果曾經這樣勉勵眾人：「當命運遞給我們一個酸檸檬時，讓我們想辦法將它搾成可口的檸檬汁吧！」

越古老的民族越是迷信，越喜歡去估算「運」的好壞。打開電視、翻閱書報雜誌，沒有一個地方不刊登著「今日運勢」。放眼生活周遭，許多人不是沉迷於求神問卜，就是熱衷於塔羅牌、星相、紫微斗數，命理師說最近會有好運則喜，要是將有惡運纏身，則憂慮不已，還要找尋許多方法以求解運、轉運。

即使科學昌明的現代，芸芸眾生猶如此相信「命運」乃是上天的安排，那麼在古代中國又是呢？

李泌是唐代名臣之一，歷仕肅宗、代宗、德宗三朝，官位至宰相，被封爲鄴侯。

唐代前期，是中國封建王朝最輝煌的盛世，可是自從唐玄宗後期爆發安史之亂後，國勢開始走下坡，到肅宗、代宗、德宗更是每況愈下，內有官吏腐敗，外則民不聊生，連年的戰事更使整個國家處於風雨飄搖的狀態，李泌就是在這樣的時代擔任宰相。

經過多年的官場沉浮，李泌看透世事，決定辭官回鄉。

李泌走後，朝中無人能擔當宰相大任，於是皇帝又差人來請他出仕，但李泌怎麼也不肯再入朝爲官。皇帝十分生氣，也覺得面子掛不住，於是將他流放到湖北蘄春一個偏遠的地方。

此時，韋斌正負責蘄春的防務，早就聽過李泌的大名，心中景仰已久，如今有了結識的機會，自然處處照顧。他不但爲李泌安排住處，配備僕人，還經常請李泌到自己府上喝酒談天。

這天，韋斌又邀了一些朋友共進晚餐，其中也包括李泌。僕人們在涼亭爲他們準備了豐富的酒菜，兩旁還有侍女提燈籠照明，客人們落座後，照例是相互敬酒，噓寒問暖一番，正在這個時候，大夥卻聽到「咕咕……咕咕」的貓頭鷹叫聲響起，令人毛骨悚然。

當時，民間有句流傳很廣的俗話，叫做「夜貓子進宅，無事不來」，相傳只要有貓頭鷹入宅，惡運也必會伴隨而來。

韋斌是個很迷信的人，聽到貓頭鷹的叫聲，臉色立刻變了，方才的興奮一掃而光，取而代之的是一臉沮喪，難過得幾乎要流下淚來。

韋斌說：「看來我要走壞運了，可憐上有老，下有小，唉……」說著，更加傷心，禁不住哭出聲。

客人們聽了這番話，全都沒了興致，再想想大唐目前的景況，國力日衰，看似眞沒多少好日子可過，於是也暗自神傷起來。

李泌卻反而哈哈大笑：「大家不要傷心，別人都認爲夜貓子的叫聲是厄運的前兆，但如果我們偏偏當作吉祥的聲音來聽，不就沒什麼值得傷心了嗎？大家都試著這麼想，別怕牠的叫聲，痛痛快快喝酒聊天吧！」

客人們一聽覺得有理，開始把貓頭鷹的叫聲當作吉祥的聲音，果然一掃先前傷感的氣氛，度過一個愉快的夜晚，當然，韋斌日後並未因此遭遇任何不幸。

太過於相信所謂的「命運」、「命中註定」，必然會受到它的宰制；若是不信，對自己的生命將更能夠控制掌握。

大凡成功的人，都不輕易向命運低頭，只有那些懦弱、畏縮、事事無法作主的人，才會將自己的人生全盤推給命運。

美國的偉大發明家愛迪生曾經說道：「我未曾見過一個早起、勤奮、謹慎、誠實的人抱怨命運不好。良好的品格、優良的習慣、堅強的意志，是不會被那些假設的『命運』擊敗的。」

我們應將「人」的價值發揮出來，主宰自己的生命，不要讓命主宰自己。出身不好沒關係，天資愚笨也不要緊，環境落後更是無所謂。所有的先天不良，都能以後天的努力、勤奮來彌補。

一兩次的失敗算什麼？幾番的挫折又如何？只要有毅力，堅持到底，便不會屈服於所謂的命運。只要心智夠成熟、夠堅定，對於那些不好的「運勢」、「災厄」，實在無須太過擔憂。

千年前的李泌就能明白這個道理，並不是因爲他的知識比較淵博，而是由於他確實是一位實踐家，知道如何主宰人生，當自己的主人。

那麼，我們呢？

只有真實，才能不被動搖

諾言總會有漏洞，無論經過多仔細的推敲設計，隨著時間過去，正如同河水中的雜質漸漸被淘洗，能屹立不搖的只有「真實」。

中國當代作家王蒙曾在他的作品中寫道：「只有真實的東西才是自然而然，只有自然而然的東西才是真實。」

對於「眞」與「僞」，一般人常常看不眞切，甚至分不清楚。什麼是眞實？什麼是虛假？不知道自己所追求的究竟是什麼，它是眞實的嗎？是長久的嗎？是有價值的嗎？

眞假之間，有太多的可能，我們必須學習明辨。

李靖是唐朝初期傑出的軍事家，唐高祖李淵早年在山西起兵造反，李靖便是他的左右手，曾經拚死救過李淵的性命。後來，李淵滅了隋朝，建立大唐，封李靖爲岐州刺史。

誰知，他早年結下的一個仇敵如今在京城爲官，日夜想著報復，欲置他於死地，而李靖本人對此一無所覺。

一日，那人向李淵上奏，說李靖正在岐州招兵買馬，準備造反，還列舉出種種看似有力的罪證。

這項消息令李淵大爲震驚，因爲李靖是大唐的開國元勳，假如眞的造反，必然會吸引很多人起兵響應，不容小覷，於是，便趕緊指派了一個掌管監督官員的御史來審理，並下旨一定要查個水落石出。

這名御史與李靖是多年故交，深知李靖一心爲國，不可能造反，必定是遭到了小人的誣陷，決心要替他洗去不白之冤，便向李淵請旨：「陛下，由於原告最清楚李靖的罪行，臣懇請陛下特許微臣和原告一起往岐州調查取證，這樣辦起案子來才會得心應手啊！」

高祖一聽有理，就答應了請求。

御史假裝非常高興地拿著狀子和原告一起上路，過了幾個驛站之後，他露出極度懊悔的模樣對原告說：「壞事了，我昨晚把你的狀子給弄丟了，今天早上找了半天也不見蹤影，這下可怎麼辦才好啊？」

原告一看丟了狀子，一下子也沒了轍，這時御史趁機對原告提議：「我看不如這樣，勞煩大駕再重新寫一份狀子吧！反正都是一樣的。」

原告一想也對，命人準備筆墨，很快又寫了一份狀子。

回到自己的住處，御史拿出兩份狀子一比對，發現內容大不相同，指控李靖的罪名本來就是憑空捏造的，自然無法做到完全一樣。

御史快馬加鞭地拿著兩份狀子返回京城向皇帝報告，李淵實知曉情後大爲震怒，立即將誣陷李靖的元兇判了死刑。

撒謊的人總是滿懷自信，認爲自己相當聰明，所佈下的詭計與騙局不可能被看穿，所以能夠大言不慚、顚倒是非，甚至藉此事招搖撞騙。

可是，謊言總會有漏洞，無論經過多仔細的推敲設計，終有露出馬腳的一天。或許太多的外在因素會讓人一時無法看清楚眞相，但隨著時間過去，正如同河水中的雜質漸漸被淘洗，能屹立不搖的只有「眞實」。

僞善的教條終會被顚覆，虛假的騙局終會被看穿，唯有眞實才能長久，才能符合人與萬物的眞正需要。

打開坦誠的大門

越是在沒有人見到的地方，越是容易滋生罪惡、包藏禍心。反之，若能將自己的心房打開，必定無所愧欠、無所畏懼。

關於坦誠，愛爾蘭的貝克萊主教說過這樣的話：「對朋友和鄰居虛偽的人，絕不可能對公眾真誠。」

要了解一個人，最好的方法就是到他居住的地方去看看，觀察他的生活起居，以及面對至親朋友的態度與模樣，那才是他最眞實的一面。

一個不能公開自己的內心，不願將一切攤開在陽光底下接受檢視的人，便稱不上坦蕩無欺。

郭子儀是中唐時期的大將，因平定安史之亂有功，被任命爲尚書令，後又晉封爲汾陽郡王，唐德宗即位後，尊其爲尙父。

郭子儀貴爲汾陽郡王之後，府第設在京城的親明里，這是城中心最繁華的地段，來往的行人車馬很多。郭府的大門總是大開，不論是自家人還是過往行人都可隨便出入，沒有任何限制。

有一次，郭子儀手下有位將軍即將出征，特意前來向長官辭行，由於不需要經過通報，這位將軍便直接來到郭子儀的房前，卻見到他像個僕人般地伺候妻兒。

登門拜訪的將軍一時慌了手腳，心想自己竟看到郭大將軍伺候妻兒的樣子，這是多麼難堪的一件事，因而不敢上前說話，只好在門前不停地踱步。

看到來者難以啓齒的模樣，郭子儀心下明白，一定是對方覺得不應該看自己如此卑微的模樣，認爲這有辱大將軍的尊嚴，於是大笑兩聲，將他請進屋裡，說道：「習慣了，習慣了，我向來都是這麼伺候他們，沒什麼要緊。」

這位將軍從郭府辭別後，心裡仍是覺得不妥，郭大將軍身爲汾陽郡王，還像僕人一樣伺候妻兒，已經夠不像樣了，更糟糕的是他還開著大門，若是讓其他不相干的人看見，到處宣揚，可不得了。

於是，他在臨走之前召集郭子儀的部屬，說出自己看到了「不該看到的一幕」，衆人一聽，都覺得大將軍實在太不顧自己的顏面，絕對要說服他改掉這習慣才好。

可是，無論他們怎麼苦口婆心勸阻，郭子儀就是不聽，仍舊堅持己見，部將們急得團團轉，說道：「大將軍，您功名顯赫、德高望重，但卻不知道自重、自愛。不論貴賤，什麼人都可以在您的寢室裡隨便走動，我們認爲就算是伊尹、霍光那樣賢德的大臣也不應如此。」

郭子儀笑笑回答：「這做法確實不是一般人所能理解。我家現有四、五百匹馬，一千多口人，全是吃公家的糧食，所以進退沒有什麼餘地。如果今天圍起高牆，緊閉大門，不和外面來往，一旦有人與我結仇，誣陷我不守臣子法度，捏造些證據煽風點火，那麼全家上下必定難逃滅門之災，與其如此，我寧可胸懷坦蕩，四門大開，這樣就算有人想詆譭我，也找不出任何理由。」

大家一聽，都佩服郭子儀的做法，也就不再勸他了。

「胸懷坦蕩，四門大開」這八個字，的確可以做爲公衆人物的借鏡，若能確實做到，便足以將貪污、腐敗與舞弊等事端隔絕在外。更進一步來說，即使身爲小老百姓、一個普通人，又何嘗不該「胸懷坦蕩，四門大開」呢？

如果你是個誠實的人，人們就會了解你、信任你，給予信賴與尊重，這些都是千金難買的寶物。相反的，如果在人前什麼都要隱藏，不但說明你對自己的節操與自信不足，也代表你缺乏安全感。

別把自己的心放在黑暗、隱蔽的地方，越是在沒有人見到的地方，越是容易滋生罪惡、包藏禍心。反之，若能將自己的心房打開，必定無所愧怍、無所畏懼。你想要做哪一種人呢？

立足當下，放眼未來

不爭一時，要爭千秋；不圖小利，要能長久。不以現在的盈虧、勝負為意，而是要及早規劃、及早調整，迎接未來的挑戰。

英國科學家盧瑟福有句名言：「我認為，再也沒有比那種只注意自己鼻尖底下一點小事更可悲的人了。」

短視，是人常犯的毛病，對世局不明白，對事理不清楚，只去爭奪能用眼睛看到、能用手抓到的東西。

因爲短視，所以人看不清離自己已經不遠的未來；因爲短視，所以人寧可放棄遠大的優勢，去追求那近在眼前卻微不足道的蠅頭小利。

不求千秋，只貪一時；不顧大局，只在自己的小圈圈裡鑽營，說來全是因爲缺乏長遠的眼光。

唐朝之時，水路運輸是相當重要的交通和物流途徑。那時中國的造船技術已經很發達了，朝廷也極度重視造船業的發展，船廠每造一艘船，朝廷便會撥款補助一千兩，但實際上，造一艘船根本用不了這麼多錢，於是許多人紛紛投資船廠，希望藉此途徑發財。

有個叫劉晏的人，在長江邊上設立了一座造船廠，生意非常興隆，再加上朝廷給予的經濟支持，沒過多久，就成了當地造船業的龍頭老大。

有人看見劉晏發了大財，便對他說：「造一艘船所需要的費用，根本還不到朝廷給的一半，現在你也不缺錢了，不應該再向朝廷要這麼多錢了，應該適當地減少一些才是。」

他搖搖頭道：「不行！計劃做大事的人，不能吝嗇一點小的費用，凡事都必須要有長遠的打算，否則萬一情況突然生變，會無法應對。現在剛剛設置造船廠，辦事的人很多，首先應該使他們的個人開銷不感到窘迫，並能衣食無憂，如此，才能全心全意投入工作，把船建造得堅實完好。如果一開始就斤斤計較，在乎一點錢的多少，刻意減少木料和其他原料的供應，或是苛扣工人的薪餉，這個造船廠怎麼可能長久存在？你別看現在造船是個好差事，掙的錢多，朝廷也大力支持，但這種局面一定不會長久維持，過些時候，撥款絕對會被減少，到時候又能夠向誰去要錢呢？所以我們必須趁現在好好發展，囤積雄厚資本，而不是光想著如何替朝廷節省銀子啊！」

事實證明了劉晏的遠見卓識，幾年之後，朝廷的有關部門果然將撥款減少了一半，這個時候，許多規模較小的造船廠因承受不了財務壓力紛紛破產倒閉，只剩下像劉晏這般大規模的造船廠，仍能夠穩健地經營下去，持續造出一艘又一艘可靠的船隻。

大部分的人只看得到現在，所以他們考慮的，也不過是這一時的利益、一時的優劣而已。

眞正有遠見的人，應該放眼在五年、十年，甚至五十年後，度量整體的局勢，再做出最宏觀的決定。

這就是「政客」與「政治家」、「商人」與「企業家」的不同。不爭一時，要爭千秋；不圖小利，要能長久。不以現在的盈虧、勝負爲意，而是要及早規劃、及早調整，迎接未來的挑戰，這才叫眞正的有眼光。

時間是最好的試金石，它能爲這個世界篩選出兩種人——「普通」與「偉大」，差距不在別處，正在「短視」與「遠見」之間。

事必躬親未必是好事

在一個團體或單位當中，許多事要靠制度的建立與執行，才能讓組織的運作長久穩定地進行下去，不受任何因素影響。

你一定曾遇過這樣的人，或許是家中長輩，也可能是單位裡的主管或長官，他們對於家裡或公司、機關裡的所有事，不論大小，全拚命往自己身上攬，視爲自己的責任。只見他們成天忙上忙下，從金融財務、人事糾紛乃至廚房、廁所的雜務清掃，還眞是「十項全能」呢！

這樣毫無效率可言的管理方式在一些家族企業或是較小的單位裡常常可以見到，不過在搖頭感嘆之餘，不妨回頭想想，如果有一天換做是我們掌管了一個不小的部門，會不會也變成一個什麼都要管、什麼都要囉唆的「老媽子」呢？

宋朝時，御史台衙門有個老僕役，在工作崗位上一待就是四十年，服侍過十幾任御史。這個人不僅個性耿直，而且還有一個特別的習慣，每逢御史有過失，他就把廷棍立直，放在人來人往的庭中。

時間一久，廷棍竟成了驗證御史賢與不賢的標誌。

這種說法在大臣中廣為流傳，一代傳一代，每位御史都不希望看到廷棍被立直。

後來，范諷受命擔任御史中丞之職。

此人為官清廉，辦案鐵面無私，是個難得的清官，上任之前當然也聽說了御史台衙門這個老僕的故事，但是，他自認做人行事問心無愧，經受得起各種考驗，老僕的廷棍應該無用武之地，不會有被立直的機會。

可是有一天，廷棍立直了，范諷見到大吃一驚，自忖沒做任何虧心苟且之事，於是他叫來老僕，問道：「我一沒收受賄賂，二沒貪贓枉法，更不可能欺壓百姓，你為什麼把廷棍立直了？」

老僕緩緩說道：「大人，昨天，我看到您接待客人，親自囑咐廚師做飯，一連叮囑了好幾遍，廚師才離開幾步您又叫他回來，一再重複叮嚀……」

范諷滿頭霧水：「這有什麼不對的嗎？」

老僕搖搖頭：「大人，我認爲凡是指使下屬，只要說清楚方法，然後要求他限期完成任務就行了。如果他沒能達成使命，自然必須接受懲罰，又何必喋喋不休？假如讓您掌管天下，能親自監督管理每一個人嗎？我心裡不認同這種做法，感覺沒有成大事的風範，所以就把廷棍給立了起來。」

范諷一聽，感到很慚愧，誠懇地向老僕致謝。

樣樣小事都要管，不但會累死自己，將可貴的時間浪費在不重要的雜事上，還間接顯示自己缺乏「適當用人」以及「有效率處理事務」的眼光。

當我們決定要將某些任務交託到一個人手裡，就表示對他的才能與忠誠非常放心，如果在這樣的情況下，還要對他指東指西不斷教導，那要此人何用？究竟是他的才幹不足，還是我們根本就不信任對方的能力？

同時我們必須了解，在一個團體或單位當中，許多事要靠制度的建立與執行，才能讓組織的運作長久穩定地進行下去，不受人事變遷或其他任何因素影響。

如果什麼事都要在上位者盯著看才能夠運作，那麼這個單位必定無法成爲一個健全、獨立的組織。

要想成大事，就必須要學會把握宏觀的決策，並在組織團體中建立完善的分工制度。要知道，「事必躬親」有時反而會是阻礙彼此發展的錯誤關鍵。

追求內涵，才最實在

我們不禁要懷疑，判斷一個人，難道只能看見表相嗎？外貌以下的才能與內涵，真有那麼難以看清？

曾寫出《哈姆雷特》、《羅密歐與茱莉葉》等知名劇作的英國文豪莎士比亞曾經這樣嘆息：「越是漂亮的東西，越經不起歲月的摧殘！」

肉眼所見的「美麗」，常常無法長久。曇花盛放，艷麗不過一夕；煙火沖天，光彩只在瞬間。很快的，它們凋零、消逝，最終什麼也沒能留下。

有一名叫做皮日休的學子進京參加科舉考試。他能寫出一手非常出色的好文章，但長相卻令人不敢恭維，因爲有一隻眼睛生來便是塌的，和整張臉非常不協調。此次，擔任主考的官員名叫鄭愚，有個毛病，就是喜好以貌取人。

眾學子考試完畢，呈上試卷後，便回驛館休息，等待著成績揭曉。

鄭愚將考生們的試卷一一批閱後，發現皮日休的文章寫得非常好，十分欣賞，認定是個才華橫溢不可多得的人才，便馬上下令召皮日休前來進行面試。可是，當兩人眞的見了面，鄭愚卻不禁大失所望，心下暗想：「此人相當有才華，怎麼偏偏長了個如此醜陋的相貌？可惜啊！可惜！」

他開口對皮日休說道：「年輕人，你的才華很好，我非常欣賞，本來確實是想好好錄用你、提拔你的，可是，爲什麼你的一隻眼睛竟會長成這個樣子呢？」

當皮日休聽到鄭愚批評自己的長相時，並未感到任何尷尬和難堪，反而揣摩出鄭愚的心理，機智的回答：「大人，晚生來參加考試，憑藉的是自己的腦子和多年苦讀積累的學問，相信這正是朝廷所需要的。聽說您對晚生的考卷頗爲欣賞，假若囿於相貌而埋沒了人才，傳揚出去，別人會認爲您選才不力，反而有損自己的好名聲啊！聰明如大人您，絕不會因爲我的一隻眼睛，而毀掉自己的兩隻眼睛。」

鄭愚聽到皮日休如此回應，心下頓生佩服之意，於是當機立斷錄取此人。

按照皮日休的說法來看，恐怕現在我們的身邊便有許多「瞎了兩隻眼睛的主考官」。太多人不理會別的，只單純以外貌做爲品評個人的標準，正是因爲如此，放眼看去，整個社會都在追求美貌、追求青春，甚至不惜花錢受皮肉之苦，以人工的方式，貪求不屬於自己的面容樣貌。

判斷一個人，難道只能看見表相嗎？

外貌以下的才能與內涵，是否眞有那麼難以看清？

美麗終究是短暫而不可靠的，可是卻有太多盲目的人散盡千金，甚至用盡畢生氣力去追尋。或許，有一天我們對自身欠缺內涵的憂慮，多過於煩惱自己不夠美麗時，才能眞正無愧地說：我的雙眼不再盲目了。

05

適可而止，就不會畫蛇添足

並不是增添無謂的東西
就能展現自己的才氣，
懂得適可而止、恰到好處的價值，
才能體現出我們應有的
見識與水準。

對得起良心，才能讓人放心

做決定時，千萬不要只看一時的利益，更要考慮到人格與品德是否會因此受到損害，以及這決定是否能對得起自己的良心。

你曾經遭遇過兩難的抉擇問題嗎？

人生在世，免不了會遇到許許多多複雜、困難的考驗，必須做出重要的抉擇時，常常選了這個於人有損，選了那個於己有虧。究竟應該怎麼辦才是最正確的做法呢？

這裡有一個小故事，或許可以做爲我們的參考。

一次，魯國權臣孟孫帶隨從進山打獵，家臣秦西巴跟隨左右。

打獵途中，孟孫突然看到一隻可愛的小鹿，非常興奮，就自己動手活捉這隻小鹿。孟孫視小鹿爲寶貝，下令讓秦西巴先行護送小鹿回宮，並且好好餵養，以供日後玩賞。

秦西巴在回宮的路上，發現有一隻大鹿緊緊跟在後面，還悲淒地哀叫著。

那隻大鹿一哀叫，小鹿便應和，一唱一和，叫聲十分淒涼。秦西巴明白牠們是一對母子，母親在召喚著可憐的孩子。

秦西巴見狀，決定把小鹿放在地上。那母鹿不顧秦西巴站在旁邊對自己有多麼危險，也不顧後面還有沒有獵人的弓箭對著牠，憑著一股母愛，一下子衝到小鹿身邊，舔了舔小鹿的嘴，蹭了蹭小鹿的雙腿，彷彿商量什麼機密一樣，再一瞬間，兩隻鹿便撒腿跑進林子裡，一眨眼就看不見了。

孟孫打獵歸來，秦西巴便如實告訴他放走小鹿的經過，本想和孟孫分享一下自己的感受，沒想到這次可惹了大麻煩。孟孫一下子火冒三丈，厲聲喝道：「誰讓你自作主張放走小鹿的，你的眼裡還有我嗎？」

還沒等秦西巴解釋，孟孫就氣沖沖地離開，並派人將秦西巴趕走。

過了一年，孟孫的兒子到了讀書的年齡，孟孫要爲兒子找一位好老師。許多臣子都來向孟孫推薦老師，孟孫一一接見這些人，但都不滿意。

正當孟孫悶悶不樂的時候，突然想起一年前被自己逐出門外的秦西巴，心中豁然開朗，立即命人把他請回宮來。

左右臣子對孟孫的做法很不理解，不禁問道：「秦西巴當年自作主張，放走了您鍾愛的小鹿，被您逐出門外，但您現在反而請他來當少主的老師，這是爲什麼呢？」

孟孫笑了笑說：「秦西巴不但學問好，更有一顆仁慈的心。他對一隻小鹿都會心生憐憫，寧可自己獲罪也不願傷害動物的母子之情，現在請他當我兒子的老師，我自然可以放心了。」

做人最重要的是過得坦坦蕩蕩，寧可忍受一時的失意，也要求無愧於天地。秦西巴做到了，也因此最後上天還是還他一個公道，讓他享受到公平的待遇，有一個好的結局。

如果你也爲了某件事情躊躇不前，不知如何下決定，那麼，就像秦西巴一樣，勇敢地選擇不會愧對自己的那個抉擇吧！

秦西巴感受到小鹿母子連心的動人親情，他的選擇正是個性溫厚純良的證明。因而，即使爲了這樣的決定遭受到不好的後果，秦西巴也不會後悔，因爲他自認對誰都沒有任何虧欠。

做決定時，千萬不要只看一時的利益，更要考慮到人格與品德是否會因此受到損害，以及這決定是否能對得起自己的良心。如果能憑著良心與道德勇氣，做出正確的抉擇，即使一時受到了委屈，但是到最後，歷史與世人還是會還給那些行得正、坐得端的人一個公平的名聲與評價。

自恃資深，小心被後浪打沉

唯才是用，不受先來後到的「輩份倫理」所拘束的用人制度，才能將真正具有才學的人放到最適合他們發揮所長的位置。

過去東方的企業或政治、社會文化當中，有一個很重要的「特色」，那就是對於年資深的人相當尊重，不論是在給薪或職位方面，只要工作的時間夠久，不犯什麼大錯誤，便能慢慢往上爬。

至於剛進公司或團體沒有幾年的人，雖然頗有才幹與建樹，卻仍然要在老資格的前輩手下做事，聽從他們的指揮。

若是違反這樣的規矩，常常會被當做是沒有倫理觀念的標新立異者，被冠上種種不好的名聲。

漢武帝時，朝中有三位有名的臣子，分別是汲黯、公孫弘和張湯。這三個人雖然同時在漢武帝手下為臣，但他們的情況卻很不一樣。

原本，汲黯是資深大臣，公孫弘和張湯兩個人還只是個小官。可是由於他們為人正直、處事靈活、方法得當，加上政績顯著，因此不斷被提拔。後來公孫弘封了侯又拜為相國，張湯也升到了御史大夫，兩人官職都在汲黯之上。

汲黯的政績遠不及公孫弘、張湯，偏偏又心胸狹窄，心裡很不服氣，總想要找個機會請皇帝評評理。

有一天早朝結束後，文武大臣們陸續退去，漢武帝慢步踱出宮，正朝著通往御花園的小徑走去。

汲黯趕緊趨步上前，對漢武帝說：「陛下，我想和您談論一件事，不知您是否感興趣？」

漢武帝回過身說：「什麼事？不妨說來聽聽。」

汲黯說：「皇上您見過農人堆積乾草嗎？他們總是把先搬來的乾草鋪在底層，後搬來的反而放在上面，您不覺得那些先搬來的乾草太委屈了嗎？」

漢武帝有些不解地看著汲黯說：「你說這些是什麼意思呢？」

汲黯說：「您看，公孫弘、張湯那些小官，論資歷論歲數都在我之後，可現在他們卻一個個後來居上，職位都比我高多了。皇上您提拔官吏不是正和那堆放乾草的農人一樣嗎？」

漢武帝一聽感到很不高興，覺得汲黯頭腦簡單，只會片面地看問題，本想駁斥汲黯，可又想到他是位老臣，只好壓住火氣，什麼話也沒說，快步拂袖而去。此後，漢武帝對汲黯更是置之不理，當然也不可能再拔擢他了。

漢武帝並非普通的君王，在各方面都相當有作爲，文治武功在中國歷代皇帝當中也赫赫有名。

在他的眼裡，拔擢一位官員看的是這位官員在政治方面的建樹與才幹，看的是這位官員對於整個國家的貢獻，並不是年資這種隨著時間流逝便會自動增加的東西。

不論那些只懂得依恃資歷的人怎麼說，唯才是用、不受先來後到的「輩份倫理」所拘束的用人制度，才能將真正具有才學的人放到最適合發揮所長的位置，也才能進一步提升整個團體的運作效率，帶來最大利益。

如果在一個團體中待了很長一段時間，但唯一能贏過後進的只有自己的資歷，就應該要自我警惕了！這表示若不再進步，便只能像汲黯一樣原地踏步，讓後輩「後來居上」，甚至被後浪淹沒。

不論到了幾歲，都不該放棄加強自己實力的機會，一個持續進步的團體是不會用資歷論斷職位高低的，若不努力，最終便會遭到淘汰的命運。

適可而止，就不會畫蛇添足

並不是增添無謂的東西就能展現自己的才氣，懂得適可而止、恰到好處的價值，才能體現出我們應有的見識與水準。

先問一個連小學生都可以輕易答出來的問題：「蛇有沒有腳呢？」

當然是沒有。但是，幾千年前有一個人在畫蛇時卻爲蛇添上了腳，這則個故事還一直流傳到現在。

既然連小孩子都知道蛇是沒有腳的動物，那麼這個人又是爲什麼、在什麼情形下爲蛇畫上腳？

從前有個楚國的貴族，祭拜祖先後，發現還剩一壺祭酒，於是便對門客說：「這壺好酒就算是我賞給你們的，你們拿去喝吧。」

門客們一聽都覺得很高興，但是細細想來，又不免有點爲難。因爲門客衆多，而酒卻只有一壺，這酒應該怎麼分呢？門客們拿著這壺酒，不知應該如何處理。

後來他們覺得，每人都喝一點實在太少了，喝得不過癮，還不如乾脆給一個人喝得痛痛快快還好些。

可是，到底給誰好呢？大家於是坐在一起商量辦法。

這時，有人站出來提了一個建議：「我們來比賽畫蛇，在一炷香的時間內，誰先畫好，誰就喝這壺酒。大家覺得怎麼樣？」

大家想了一下，都覺得這個建議不錯，一致同意。

比賽開始了，門客們每人都拿著一根小棍，分排站開，個個頭也不抬地在地上畫了起來。由於每個人都想喝到這壺上等好酒，因此都使出了渾身解數，一分鐘也不敢耽擱，專注地畫著。

其中有一個人畫得非常快，剛剛過半炷香的時間，就把蛇畫好了。他興高采烈地跑到桌子前，伸手就把酒壺拿了過來，準備獨享這壺美酒。

正待他要喝酒時，瞅見其他人還沒把蛇畫完，就又自作聰明地拿起木棍，自言自語地說：「就算我再為蛇添上幾隻腳，他們也未必畫得完。」邊說邊在畫好的蛇身上畫了腳。

不料，這個人畫蛇腳還沒完成，手上的酒壺便被旁邊一個人一把搶了過去，原來，那個人的蛇畫完了。

這個給蛇畫腳的人相當生氣，說道：「你快把酒壺還給我，是我最先畫完，酒應歸我喝！」

那個人把酒壺往自己身後一放，笑著說：「憑什麼要把酒壺給你啊！你看你到現在還在畫，而我已經畫完了，這酒理所當然應該歸我喝嘛！」

替蛇畫腳的人聽了，著急了起來，爭辯說：「我早就畫完了，只不過我看還有時間，就給蛇添幾隻腳而已。」

不料，那人卻反駁道：「蛇本來就沒有腳，你畫的有四隻腳，那就不能算是蛇了，所以你就更沒有理由喝這壺酒了！」說完，那人就理直氣壯地把酒壺拿過來，毫不客氣地喝起酒來。

那個替蛇畫腳的人自覺理虧，也就無話可說，只好眼巴巴看著原本屬於自己卻又被別人拿走的酒，心中後悔不已。

後人稱這種替蛇畫腳的行爲叫「畫蛇添足」，意思是對某件事物做了無謂的添加或修飾，反而讓原本的事物變成四不像，失去了眞意。

我們可不要笑這位畫蛇添足的人是傻瓜，因爲像這樣的行爲，直到今日都還有許多人不斷重複呢！

在許多人的價值觀中，「多的」、「大的」通常是「比較好的」，也因此，我們常常會努力在一些本來就已很完整的事物上加上一些什麼東西，以突顯自己的努力或功勞。又或者，因爲要證明自己的優越，便用未必專業、未必正確的眼光，在其他人的心血上增添自己的意見或主張。

這些都是不必要的行爲，但卻因爲長久以來官場或職場文化當中的種種積習，使「畫蛇添足」的舉動始終屢見不鮮。

並不是增添無謂的東西就能展現自己的才氣，懂得適可而止、恰到好處的價值，才能體現出自己的見識與水準。否則，就會像這個爲蛇畫上腳的門客一樣，不但喝酒喝不成，反而遭人嘲笑。

誇大渲染，尋常事也會變傳奇

人們在說故事時喜愛誇大其辭，不願去追查真相，這使得本來再平凡不過的小事，傳到最後竟然會變成轟動一時的傳說。

現代我們想要得知今天發生了什麼事很簡單，只要打開電視或連上網路，世界各地此時此刻發生的事情，都能透過傳播媒體的報導，栩栩如生地在我們面前上演。

不過，身爲觀衆的我們，對於這些號稱「眞實」的報導，以及其他許許多多街頭巷尾茶餘飯後的閒聊，千萬不要毫不考慮地就信以爲眞。

春秋時期，由於宋國地處內陸，缺少江河湖澤，而且全年乾旱少雨，農民種植的作物主要靠井水澆灌。

當時有一戶姓丁的農家，家中沒有水井，但由於做飯、淘米、洗菜要用水，日常生活中洗洗刷刷要用水，灌溉田地更要用水，爲此每天都得派一個人外出擔水，供應全家人使用。

但是，在農忙的時候，若要抽出一個人專門去擔水，實際上也就是減少一個人丁下田勞動。

丁老漢一直爲這件事情發愁，想在自己院子裡打一口井，可是農忙的時候抽不出人力，到了農閒的冬季，雖有人力了，但是天寒地凍，也不適宜打井。就這樣，打井這件事情就一直耽擱下來，成爲丁老漢的心病。

轉眼間，又是一年中的農忙時節，因爲丁家沒有水井，若想灌溉田地得靠驢馬從很遠的河邊運水過來，因而經常要派一個人待在用茅草搭建的草棚裡，一天到晚專門幹這種提水、運水和灌溉的農活。日子一久，全家人都感到有些勞累和厭倦。

這時，丁老漢咬著牙，下定決心打一口井，解決多年困擾全家的難題。他把這件事對家人一說，全家人一致贊成。接著，丁家男女老少便齊心協力地投入打井的工作中。

雖然只是開挖一口十多尺深、直徑不到三尺的水井，但是在地下掘土、取土和進行井壁加固，並不是一件容易的事。丁老漢一家人從早工作到晚，辛辛苦苦努力了半個多月，才把水井打成。

值得高興的是，井水很充足，水質也很甜，第一次取水的那一天，丁老漢全家就像過節一樣高興。當丁老漢從井裡提起第一桶水時，全家人歡天喜地，高興得合不上嘴。因爲從此以後，他們家再也不用總是派一個人餐風宿露，爲運水澆地而勞苦奔波了。

丁老漢掩飾不住自己喜悅的心情，逢人便說：「我家裡打了一口井，還得了一個人哩！」

村人聽了丁老漢的話以後，有向他道喜的，也有因無關痛癢並不在意的。但是在口耳相傳的過程中，不知是誰把丁老漢打井的事傳成了：「丁家在打井的時候從地底下挖出了一個人！」

村人們議論紛紛，這消息很快就傳到大臣耳中。於是，這個大臣面見國君時便說：「臣有重要的消息要向您稟報！」

國君問：「什麼事？」

大臣說：「丁家打井挖出了一個人，這消息傳遍了整個宋國上下！」

宋王聽了大臣的話感到很驚訝，心想：「假如眞是從地底下挖出了一個活人，那不是神仙便是妖精，非得打聽個水落石出才行。」爲了查明事實眞相，他特地派人去問丁老漢。

這個大臣奉命來到丁家詢問，丁老漢起初還以爲自己闖了什麼禍，嚇了一大跳，後來問明緣由以後，才放下心來，對大臣解釋道：「我家打的那口井爲灌溉農田帶來了很大的方便。過去總要派一個人常年在外，專門替農田灌溉，現在可以不用了，從此家裡多了一個幹活的人手，但這個人並不是從井裡挖出來的啊！」

本來只是挖了一口井，多了一份人力，經過千百人傳遞後，竟然變成轟動全國的奇聞異事。從這裡我們就能看出，口耳相傳的故事離「眞實」有多麼大的距離。

即使到了科技發達的現代，像這樣的事件還是層出不窮，就連應該追求與報導事實眞相的新聞從業人員，都可能因爲種種因素，反倒成了協助不實傳言流竄四方的幫兇。

人們在說故事時喜愛誇大其辭、加油添醋以增加事件的聳動性，再加上沒有人願意費事去追查眞相，便使得一件件本來再平凡不過的小事，傳到最後竟然會變成轟動一時的傳說。

正是因爲這樣，不論我們聽到的是國家大事、街談巷議，或是與他人私生活有關的八卦，都應該用懷疑的角度去看待，不要盡信，否則只會變成一個傳聲應聲的擴音器。

所謂謠言止於智者，尤其是對他人名聲、品格有損的傳言，更要特別注意，不清楚來龍去脈的事就不要隨便說出口，否則不但因此而降低了自己的格調，也會讓自己成了誣害無辜者的幫兇。

摀上耳朵，就以為別人聽不到？

以為自己不聞不問，裝做不知道，某件事就未曾發生，就不存在了。事實上，這樣的行徑充其量不過是在自欺欺人罷了。

古今中外有許多笑話，都在一些自作聰明的人身上發生，他們的所做所爲，常讓旁觀的人發噱，但卻覺得自己十分聰明，不知道究竟哪裡可笑？

回想起來，人們在自作聰明時所做的傻事還不少，而且大部分還都有些離譜。

其中相當有名的，應該是發生在古代中國的這個故事。

春秋末年，晉國的六大家族之一范氏滅亡的時候，封地、財產被其他家族瓜分了。但是，有一口大銅鐘卻遺漏在屋旁的草叢裡。

范氏家族附近住著一個人，平日好吃懶做，從不願意靠勞力去賺錢，一天到晚總想著能撿到一大筆錢財。所以，他到了年紀一大把還是光棍一個，家裡總是窮得連飯都沒得吃。

這一天，這個好貪小便宜的人來到范氏家族的宅院裡，想看看范家還有什麼剩餘的東西。

他想范氏家族是晉國最富有的人家之一，金銀財寶不計其數，哪怕只撿到一件東西，也夠自己吃一陣子了。可是，他把范家宅院裡裡外外全翻遍了，卻什麼值錢的東西也沒有找到。

正要離開的時候，看見在牆下有一口鐘，走過去仔細一看，發現這口鐘是青銅鑄成的，又大又重。

這可讓他高興極了，心想，「這口鐘可眞大啊！要是把它扛去賣了，一定能得不少錢，夠我吃上好幾天了！」

想到這裡，他就要去扛那口鐘。可是，那口鐘實在太重了，他使盡了全身的力氣，鐘連動也沒有動一下。

這下可把他急壞了，苦思冥想了很久，卻想不出什麼好辦法。要是找幾個人幫忙抬，又不願意讓別人分享這意外之財，實在讓他很爲難。

這個時候，他看到了一堆被打碎的水缸碎片，一下子就有了主意，對自己說：「既然銅鐘那麼大，搬也搬不動，不如把銅鐘砸成碎片，不就可以拿回去了嗎？」

他往四周看看，並沒有看見有人。

於是，他便快速地跑回去，扛起一把大鐵鎚，又快速跑回來。等到四周沒有人的時候，他舉起鎚子朝大銅鐘砸了下去，一鎚下去，銅鐘發出了震耳欲聾的巨響，把他嚇了一跳。

他想，這麼大的聲音，別人不是都聽到了嗎？那自己偷鐘的行爲不就曝露了？

他坐在地上，又想了好一陣，終於想出一個好辦法：「我找個什麼東西把耳朵堵起來，不就什麼都聽不見了嗎？我在這麼近的地方都聽不到，那別人在遠處也肯定聽不見的。」

想到這裡，他就把衣服脫了下來，把耳朵蒙得嚴嚴實實的，然後再掄起大鐵鎚向大鐘狠狠地砸去。

這下果然聽不到鐘聲了！他心裡高興得不得了，使勁地猛砸起來。

住在周圍的人們聽到了鐘聲，不知道發生了什麼事，都跑出來看。他們見到一個人正在使勁地砸鐘，忙問他怎麼回事，可是那個人卻毫無反應。

這時候，有個人走到他的跟前，拍了拍他的肩膀，他這才發現來了那麼多人，奇怪地問：「我都聽不見聲音了，你們怎麼會聽見呢？」

他面前的人看到他把耳朵包得嚴嚴實實的，一下子就明白了他的意圖，忍不住哈哈大笑起來，說道：「以爲自己蒙上耳朵，別人就聽不到聲音了，眞是荒唐可笑！」

這個「掩耳盜鈴」事件所代表的不只是古時一個笨小偷的個人行爲，更傳達出一種普遍的人類性格：以爲自己不聞不問，裝做不知道，某件事就未曾發生，就不存在了。

事實上，這樣的行徑充其量不過是自欺欺人罷了，衆人的目光雪亮，就算一時之間被蒙在鼓裡，又怎麼可能會永遠一無所知呢？即使那名小偷蒙住了自己的耳朵，竊盜的事實還是不會改變，更何況那口鐘的聲音響亮無比，鄰近的人哪有聽不見的道理？

掩耳盜鈴者有意故作不知，反而更突顯了犯罪的事實。即使裝做聽不到、看不見，事實依舊存在，現實的世界還是會教人明白：別自欺欺人了，勇敢面對現實吧。

用謹慎揭穿謊言的矛盾

謊言必有與事實相違之處，如果我們想要找出真正的答案，那麼就必須以科學的、謹慎的態度來審視它們。

近年來，詐騙案件層出不窮。詐騙集團不是靠自己的勞力獲得財物，而是憑藉著謊言與誇大其詞賺取黑心錢。

他們利用人們的欲望與貪心，撒下漫天大謊，企圖從他人身上得到各種好處。也因爲如此，他們的謊話一個比一個精巧，一個比一個更容易讓人上當，於是受害者層出不窮，連執法單位也幾乎束手無策。

究竟普天之下，什麼樣的東西才能夠揭穿不實的謊言？

戰國時期，上至國君，下至黎民百姓，人人都相信長生不死的傳說，幻想著有一天能獲得仙藥，長生不死。

楚國的國君年事已高，身體狀況大不如前。他非常迷信，幻想自己有朝一日能長生不死，永遠統治天下，於是重金懸賞長生不死之藥，還派人四處尋找。但是一天天過去了，還是沒找到仙藥，身體越來越差的國君心急如焚，又加派人手去更遠的地方尋找，並在告示上加重了酬金。

楚國有個道士專門投機取巧，看了張貼的告示後，心生一計，想到這是個賺錢的好機會，於是就製造了一顆「仙丹」。其實，這顆「仙丹」只不過是用幾味草藥搗成粉末，再和上麵粉和糖熬製而成的，經過一番修飾，外表看來烏黑發亮，還眞像那麼回事。他又買了個精緻的盒子盛放仙丹，一切準備好後，就揭下告示，進宮去了。

來到國君的殿門口，卻被一個衛士攔下。這個衛士非常聰明，一直以來，對國君四處尋仙藥的事也覺得可笑，根本不相信這個世上有這種仙藥。

衛士想，這個送丹藥的肯定是個騙子，正好趁這個機會揭穿騙局，又可以警醒君王。

衛士問道：「你拿的是什麼東西？」

道士得意洋洋地說：「給大王的仙藥，吃了可以長生不死。」

衛士又接著問：「可以吃？」

道士說：「當然可以吃。」

聞言，衛士冷不防地突然打開藥盒，一口把仙藥吞了下去。其他衛士一看這種情況就趕緊去報告大王，而道士一看即將到手的財富泡湯了，也和衛士爭吵了起來。

這時，一群武士把他倆押到了大王面前，大王非常憤怒，指著衛士說：「大膽！連我的仙藥也敢偷吃，活得不耐煩了，推出去斬了！」

道士在一旁附和道：「對，對，殺了他。我好不容易找到仙人的藥方，經過七七四十九天才煉製出來的仙丹，本來是孝敬大王的，結果讓他吃了，該殺！」

這個聰明而耿直的衛士並不驚慌，對楚王說：「我問道士這藥可以吃嗎，他說可以吃，我才吃的，這罪不在我而在道士啊。再說，如果這仙藥眞像道士所說的吃了可以長生不死的話，那大王是殺不死我的，如果大王能把我殺了，就證明藥是假的，那個道士就是拿假藥來欺騙大王，也應該砍頭。不如大王先問問道士這仙藥是眞是假，再決定殺不殺我也不遲啊。」

於是國君轉向道士：「你說，這藥是眞是假？」

這個騙人的道士心裡算計著，要是說假話的話，那衛士一死，自己也活不了啊，於是趕緊下跪說：「大王，小人知錯，小人也不知道這藥是眞是假，只是根據書上胡亂做來的。」

話才剛說完，楚王就下令把衛士放了，把道士推出去砍頭。

這位衛士可以說既聰明又有智慧，同時具有正義感，在他的揭發之下，道士的詭計才得以被拆穿。楚王雖然一時糊塗，但在衛士以充滿智慧的行動與言語應對之後，相信再也沒有人膽敢以這種謊言欺騙他了。

是的，「智慧」正是足以對抗謊言的利器，也唯有「智慧」，才能讓一切的虛假無所遁形。

謊言必定有與事實相違之處，如果我們想要找出眞正的答案，那麼就必須以科學的、謹愼的態度來審視：這件事合理嗎？有證據可以佐證嗎？有互相矛盾的地方嗎？

同時要注意的是，謊言之所以能夠成功，是因爲它是以人的貪念爲基礎設下的騙局，就像故事裡的楚王一樣，總嫌自己活得不夠久，期望能永生不死，才會輕易相信道士的話。

因爲如此，我們更要杜絕一些不切實際的妄想，如果想要發財，就靠自己的雙手去爭取，千萬不要一心只想尋找一步登天的手段。

逆來順受，只會讓自己更難過

「忍耐」是一種不合理的姑息，我們若不讓施暴者知道不應該予取予求地任意對待別人，那麼也就等於助長了他的不義。

在東方的社會與文化中，常常存在著「逆來順受」的哲學，對於一些降臨到自己頭上的災難或不平等的待遇，總是默默地忍受與犧牲。

不過，我們滿心以為這樣的犧牲奉獻，應該是最好的處世方式，卻沒有想到，這樣一味「忍耐」可能會造成什麼後果。

曾參是歷史上有名的孝子，也是孔子的弟子之一。曾參對於父母都相當孝順，從來不會違抗父母的決定，個性易怒的父親有時蠻不講理甚至動粗，曾參一樣逆來順受。

有一次，曾參在瓜田裡幹活，不知道爲什麼閃了神，不小心把一棵長得很好很粗壯的瓜苗弄斷了。

他的父親曾皙性情暴躁，一見之下，怒火中燒，抄起一根粗木棒往曾參背脊上打了下去。

可是曾參這個書呆子，竟然不閃不避，紮紮實實挨了一棍，一下子仆倒在地上，不省人事。過了好半天，終於回過神，迷迷糊糊醒過來，感覺背上火燒般地疼痛，卻還是掙扎著跑去向父親請安。問候完畢，他才回自己屋裡，若無其事地彈琴唱歌，藉此告訴父親自己一點怨恨也沒有。

這件事很快就傳了出去，大家都說曾參眞是個至孝之人，寧願自己受傷，也不願忤逆父親。

後來孔子也聽說了，卻對此不以爲然，還吩咐其他弟子，如果曾參來了，千萬別讓他進來。其他弟子雖然奇怪，可是一看孔子的臉色，誰也不敢詢問。

果然沒兩天，曾參來了。哪知道剛走到門口，就被擋在門外，不准進去。

曾參百思不得其解，不知道自己做錯了什麼。只好千方百計託人傳話，希望孔子能解開他心中的疑惑。

孔子說：「從前，舜也是個大孝子，舜的父親也經常打他，如果用小棍子打，舜就不閃不避，隨他打幾下；如果用大木棒打，他就跑得遠遠的，躲開暴怒中的父親。現在，曾參明明看見大木棒砸下來也不躲避，存心用自己的血肉之軀去承受那蠻不講理的暴怒。他覺得自己這樣是孝順，但也不想想，萬一那一棍子把他打死了，曾皙豈不是要背負殺子的惡名？天下還有比陷父親於不義更不孝的嗎？」

曾參聽了別人的轉述恍然大悟，這才明白自己這種做法其實是極端錯誤的，幾乎釀成大錯。

如果蒙受冤屈時只能想到「逆來順受」這四個字，那麼不合理的情況將永遠不會改變，這樣一來，「忍氣吞聲」不但無法解決任何問題，甚至是會害人害己的雙面之刃。

或許我們忍耐是爲了不願傷了彼此的感情或和氣，或是爲了保護對方，但是卻沒有想到，「忍耐」常常也是一種不合理的姑息，我們若不讓施暴者知道不應該予取予求地任意對待別人，那麼也就等於助長了他的不義。

當面對的人是窮兇惡極的惡霸時，更不應該只會忍耐，如果我們勢單力薄，就應該聯合其他力量，以公理與正義向欺凌我們的人說「不」，讓既得利益的施暴者知道，我們並不是只會忍耐而不會反抗的愚民。

無論如何，遭遇不合理、不公平的待遇的時候，「忍耐」從來就不是最正確的選擇，我們能做的，應該還有更多更多。

背叛盟友，等於背叛自己

不要因為任何原因，輕易地背叛彼此之間的關係。否則，一時的短視近利，可能帶來的是永遠的遺憾。

這個世界上，爾虞我詐的事很多，損人利己的勾當也不少，爲了自己的利益，很多人什麼事都做得出來！

這些的確是在競爭激烈的社會中求生存的方法，不過，有些短視近利的人，看不清楚自身與他人間的利害關係，只爲了一時的小利，犧牲掉的卻不只是別人的幸福……

背叛了與自己的命運緊緊相依的盟友，通常也代表著背叛了自己，這就是「唇亡齒寒」的道理。將與自己的生存息息相關的盟友雙手奉送給敵人，就等於自己將防守的城門打開，還有不敗的道理嗎？

春秋戰國時期，各國之間爲了爭奪土地和人口而相互征戰。有一次，晉獻公決定出兵攻打虢國，可是晉國與虢國之間夾著虞國，虢國與虞國素來關係不錯，所以晉國要想取得虢國，不但要經過虞國境內，還要確保虞國不插手這件事。晉獻公覺得這個問題十分棘手，怕虞國不肯借路讓他的軍隊從虞國境內通過，於是召集群臣商議對策。

大臣荀息對晉獻公獻計說：「依微臣之見，虞公生性貪財，如果能給他點好處，他一定會借路的。」

晉獻公問道：「要給他什麼樣的好處呢？」

荀息接著說：「只要把垂棘出產的美玉和屈地產的駿馬，拿去送給虞公，然後再向他借路，不怕他不答應。」

晉獻公說道：「那怎麼行，垂棘的美玉是我祖傳的寶貝，而屈地的駿馬是我最好的坐騎，我怎麼捨得把它們送給虞公呢？再說，要是寶物送了，他還不肯借路怎麼辦？」

荀息說：「這個大王不必擔心，大王的玉石和駿馬只是暫時放在他們那裡代為保管一下罷了，等我們滅了虢國，再回來攻打虞國，就可以把大王的玉石和駿馬拿回來了，就好比把玉石從內部庫房取出來放到外部庫房，把駿馬從內馬圈牽到外馬圈一樣，要把玉石和駿馬拿回來是輕而易舉的事，大王何必擔心呢？」

聽到這裡，晉獻公於是點點頭，派荀息去虞國借路。

荀息牽著駿馬，捧著寶玉，來到了虞國。果然不出所料，虞公貪圖財富，一看見寶玉和駿馬，眼睛便睜得大大的，連荀息說什麼都聽不見，心裡只想著這兩件寶物。荀息說明來意後，虞公想也沒想就一口答應了。

荀息一走，虞國大臣宮之奇就對虞公說：「大王不能借路給晉國啊！」

虞公正把玩著寶石，聽宮之奇這樣說，就問道：「為何？」

宮之奇說：「大王有所不知，我們和虢國的關係是互為表裡的，破壞了任何一個，另一個也將不復存在啊！古人說『唇亡齒寒』，唇和齒是相互依存的，虞國和虢國正是如此啊！虞國之所以存在，就是因爲有虢國，而虢國之所以存在也是因爲有我們虞國。這是晉國的一個陰謀，他們一定是想先滅掉虢國再來攻打虞國，如果借路給晉國，那麼虢國早上滅亡，虞國晚上也要跟著滅亡的。虞國已經是危在旦夕了，怎麼能借路給他們呢？希望大王三思，收回成命，我願代大王把兩件寶物送回晉國。」

虞公根本聽不進宮之奇的勸告，一心想的只有這兩件寶物，聽到要把剛到手的寶物送回去，更是不耐煩地對宮之奇說：「行了，我說借就借，你不必多言了，退下吧。」

宮之奇只好無可奈何的走了。

晉獻公得知虞國答應借路非常高興，就派荀息帶領兵馬，前去攻打虢國。虢國沒有了虞國這個屏障以及支援，很快就被攻陷都城，滅亡了。

荀息班師回朝的途中，接著進攻虞國，虞國因爲沒有了虢國的支援，又加上準備不足，也被晉國滅了。荀息從虞公宮中取回了玉石和駿馬，這兩件寶物又重歸晉獻公手中。

虞公對於國家情勢完全不了解，被一些小小的利益蒙蔽了心志，不明白沒有虢國，虞國也必然無法生存的道理，以致最後走向亡國的命運，這樣的結果，一點都不值得同情。

有太多的人輕易被一時的利益，或是對方設下的陷阱所誘、所惑，並認爲這樣做不會傷害到自己，於是便眼睜睜地看著盟友消失，最後才忽然發現，自己只剩下孤身一人，再也沒有人會來幫助自己！

認清誰才是與自己有共同利益、共同對手，並需要相扶相持才能一起生存、成長的盟友，並且不要因爲任何原因，輕易地背叛彼此之間的關係。否則，一時的短視近利，可能帶來的是永遠的遺憾。

06

在關鍵時刻
做最正確的取捨

對待身外之物應該抱持著
「難捨能捨，難得能得」的態度，
若不勇於捨棄，
便無法得到我們想要的成果，不是嗎？

沒有信用，就得不到敬重

一個信用破產的人，不但不會有任何真心的朋友，也難以得到他人的支持與尊重！

「誠信」是非常可貴的美德，不論置身哪個位階，從事什麼行業，能獲得他人對自己的信任，都是千金難買的寶貴資產。

昔時商鞅不惜花費數百金立柱爲信，就是爲了爭取到大家的「信任」，今天有許多大企業遭遇到危機的時候，即使賠了錢仍然要維護住自身品牌的「商譽」，也是相同的道理。

我們由這些例子中不難了解，「信譽」是多麼重要！

周朝末年，褒國有一個貴族不知道什麼原因觸犯了王法，被周幽王抓了起來。周幽王好色，這個貴族的家人爲了營救他，便四處尋找美女。有一天，一個家僕偶然從褒姒家門口路過，看見一個十四五歲的絕色美女正在井邊打水，心中狂喜，趕緊回去報告主人。

這個貴族家的人立即用重金把褒姒買過來，送給周幽王。周幽王一見，果然是人間絕色，非常高興，不僅把這個貴族放了，還升了他的官。

從此，周幽王就專寵褒姒一人。後來褒姒又爲他生了一個兒子，名叫伯服，周幽王爲了討好褒姒，不僅把王后廢了，立褒姒爲后，而且把太子也趕走了，立伯服爲太子。

可是，青雲直上的褒姒卻總是鬱鬱寡歡，自從進宮之後，從來沒有笑過。

周幽王千方百計逗她開心，只求美人一笑。但是，幾乎所有的方法都試遍了，褒姒仍舊是一副眉目含愁的模樣，讓周幽王無計可施。

終於有一天，周幽王想到了一個自以爲很聰明的辦法。那時候都城四周都設有烽火台，每當軍情緊急，需要救援的時候就會燃起狼煙，周邊的諸侯看見了，就會發兵來救。

周幽王爲了博美人一笑，竟點燃了烽火台，結果各路諸侯以爲京師有難，立刻帶領軍隊急急忙忙跑來救援。趕到京城一看，才知道是周幽王開了天大的玩笑，於是個個帶著憤怒和被戲弄的羞辱離開。

各路諸侯在京城裡你推我擠，鬧得不可開交，亂成一片。

周幽王帶著褒姒站在城樓上，看著這混亂局面，果然，不知多少年沒笑過的褒姒綻開了比春花更美的笑容。

後來，西方的犬戎舉兵攻打周幽王，打到京城的時候，從來不理朝政的周幽王這才著了急，連忙叫人點起烽火，可是先前受騙上當的諸侯們，以爲這回又是周幽王尋開心，結果一個也沒有來。

周幽王帶著褒姒向東逃跑，最後被殺死在驪山，褒姒也被犬戎俘虜。從此，周王朝就名存實亡了。

西方也有個類似這樣的「狼來了」的故事，放羊的孩子爲了戲謔他人，輕慢地玩弄他人對自己的信任，最後的結果如何，相信大家都很清楚。

周幽王比起那個喊著「狼來了」的放羊小孩更加不該的是，他是一國之君，肩負的責任更爲重大，要付出的代價也更爲慘痛，不但葬送自己的性命，連帶將國家與王朝都賠上了，更不知道連累了多少無辜的百姓！

手上的權柄越大，對於自身的行爲就必須更爲小心謹愼。即使是普通如我們，也千萬不能爲了任何原因，將千金難換的「誠信」，還有自己的名譽丟在地上踐踏。一個信用破產的人，不但不會有任何眞心的朋友，也難以得到他人的支持與尊重！

在關鍵時刻做最正確的取捨

對待身外之物應該抱持著「難捨能捨，難得能得」的態度，若不勇於捨棄，便無法得到我們想要的成果，不是嗎？

許多老掉牙的格言諺語都告訴我們勤儉才能致富，其實勤儉只是一種生活態度，談不上什麼美德，人也不可能單單因爲勤儉而成功致富。

但是，就算我們志不在成爲大富翁，凡事節儉總是一件好事，能省則省，沒有什麼不對的。

不過，有些事情固然可以能省就省，但在很多方面，不該省的、不能省的，可千萬不能因爲吝嗇而讓自己損失更多！

范蠡是春秋末期越國的一名大功臣，輔佐越王打敗吳王夫差之後急流勇退，離開了越國到齊國經商，因爲頭腦聰明，積蓄了一大筆財富，於是在陶邑定居下來，自號陶朱公。

陶朱公有三個兒子，最小的兒子是在陶邑定居之後出生的。

後來，陶朱公的二兒子在楚國殺了人，被關在楚國的死囚牢裡。陶朱公說：「殺人償命本來是應該的，但是俗話說：『千金之子，不死於市』，或許還可以疏通疏通。」於是就裝了一車黃金，用稻草包著，派剛長大成人的小兒子去楚國見機行事。

可是，大兒子認爲他是長子，出了事理應讓他出面處理，父親卻派三弟去，分明認爲他不成器，於是又哭又鬧。陶朱公的妻子也幫大兒子說話，陶朱公沒辦法，只好讓大兒子去。

臨走前，陶朱公叮囑老大，到了那邊就把金子和他寫的信交給一個叫莊生的人，一切都由他來安排，千萬別自作主張。

大兒子滿口答應，到了那邊之後，便尋訪到了莊生，並且把金子和書信都交給了他。

莊生看了書信，對大兒子說：「放心回去吧，不要再停留在這裡了。如果你弟弟被釋放，也不要問原因。」

老大辭別之後，卻心生懷疑，找了一家客棧住著，靜觀其變。陶朱公的大兒子走後，莊生便去見楚王，說他夜觀星象，顯示楚國不久會有禍殃，楚王必須修德才能免禍。楚王一向很相信莊生，便準備大赦天下。

陶朱公的大兒子知道了楚王將要大赦的消息，心想，既然弟弟不久就可以出獄了，那些黃金不是白白送給了莊生，於是又跑去見莊生。

莊生吃了一驚說：「你還沒回去啊！」

大兒子不自在地說：「是啊，起初是爲了打點弟弟的事情，現在聽說楚王要大赦了，所以來向您辭行。」

莊生聽出了他的弦外之音，便說：「金子還在隔壁，你拿回去吧。」

老大毫不客氣地把那些金子都搬了出來，辭別莊生回到客棧。

老大走後，莊生心裡有氣，於是又進宮去對楚王說：「我先前建議大王大赦天下，本來是件好事。但是，最近都城裡議論紛紛，百姓都說陶朱公的兒子犯了死罪，您左右的人都被買通了，大王大赦天下，不是爲了百姓，而是爲了陶朱公的兒子。」

楚王聽了大怒，下令立即斬了陶朱公的二兒子，第二天再大赦。陶朱公的大兒子最後載了一口棺材回到家裡，家人一見棺材都忍不住傷心落淚。陶朱公卻毫不吃驚，嘆口氣說：「我早就料到他去會把老二的命送掉。他從小跟我一起做生意，知道賺錢的艱辛，所以捨不得錢財，倒不是不愛惜弟弟。而小兒子從小生活在富貴之中，揮金如土，當時我要派他去就是因爲他捨得花錢。老大捨不得花錢，所以害死了弟弟，這是很簡單的道理，有什麼值得悲傷呢？」

明明知道大兒子吝嗇的性格會壞事，卻不說出自己的見解，事後又像個旁觀者大談自己的先見之明，故事中的陶朱公又何智之有？

這個後人編造的故事，重點當然不是要大家去疏通賄賂，也不是像陶朱公那樣有先見之明卻做個「事後諸葛」，而是提醒大家在關鍵時刻做最正確的取捨，不要因爲吝嗇而造成無法彌補的遺憾。

有的時候，在不該省的地方節省，乍看之下可能是佔便宜、不吃虧的做法，但事實上後來必須付出的代價卻更爲巨大。陶朱公對自己大兒子的性格十分清楚，也明白有的時候該省的錢不能省，經過再三交代，無奈大兒子還是如他所料捨不得那些錢財，最後把二兒子的命都送掉了。

以現實生活爲例，如果我們要開一家餐廳，卻在裝潢、廚師、設備、服務等等方面東扣西減，不願付出，那麼這家餐廳能夠穩定並持久地經營下去嗎？相信答案是顯而易見的。

對待身外之物應該抱持著「難捨能捨，難得能得」的態度，很多時候，若不勇於捨棄，便無法得到我們想要的成果，不是嗎？

留心那些過河拆橋的人

為任何人付出信任與努力之前，一定要仔細地想一想：這個人值得為他這樣做嗎？這個人能夠共患難，也能夠同享福嗎？

在人類過去的歷史中，一個王朝或霸權的建立，不會只是一兩個人的功勞。在開國君王的身邊，總是有幾位爲了共同理想而奮戰不懈的功臣，他們爲了完成君王的霸業，奉獻自己的青春與歲月，最後終於能得到勝利的果實。

如果是一般的童話故事裡，或許能在「從此大家就過著榮華富貴的日子……」這樣的結語中結束，但是事實上呢？

事實是無比殘酷的，很多人只能共患難，事成之後不能共享樂，越王勾踐就是代表性的人物。

春秋末期，范蠡和文種是越國最著名的兩位功臣。

吳越爭霸的時候，越國曾經被吳國打得慘敗，范蠡和文種一起陪著勾踐夫婦在吳國做了三年奴僕，直到吳王夫差生病，范蠡獻計，一群人才得以回國。在兩名賢臣輔佐下，越王勾踐臥薪嘗膽，經過十多年精心準備，終於報仇雪恨，逼死了夫差，滅掉了吳國。

滅吳之後，勾踐大擺筵席慶功。席間群臣歡笑，喜氣洋洋，只有勾踐悶悶不樂。范蠡察覺勾踐是個只能共苦，不能同甘的人，現在越國消滅了吳國，目標已經實現，那些有功之臣沒有了利用價值，還有功高震主之虞，反倒成了心腹之患。於是，范蠡急流勇退，辭官退隱，離開了越國。

臨行前，范蠡寫了一封信給文種：「鳥兒打光了，良弓就要收藏起來；狡兔死了，獵狗就會被烹煮。越王的面相長頸、鳥嘴、鷹眼、狼足，這種人只能共患難，不能同安樂。還是早點離開吧，不然禍患就不遠了。」

文種看了范蠡的信將信將疑，後來意識到自己的處境極度危險的時候，想要抽身已經遲了。

勾踐本來就想把范蠡、文種一起殺掉，於是當有人進讒言說文種要造反的時候，連眞假也不問，像當初吳王賜死伍子胥一樣，讓人送文種一把劍，對他說：「你當初曾經教我九種滅吳的策略，我只用了三種就把吳國滅了；還有六種，你到地下去奉獻給先王，試試看效果如何吧！」

文種接了劍，長嘆道：「眞後悔當初不聽范蠡的話，如今果然遭到了越王的毒手。」然後又哈哈笑道：「想我原只是南陽一個小官，做官做得好好的，卻自投羅網，跑來做了越王的死囚。」然後便橫劍自刎了。

我們常說那些在事前將未來說得天花亂墜，一旦把人利用完之後就丟在一邊不理不睬的行爲叫「過河拆橋」，也就是說，既然河都過了，這座橋可不需要了，爲了不讓其他人也過河，就把這座橋拆了！

歷史上不乏這樣對待功臣的君王，過去誓言同甘共苦的伙伴們，一旦霸業建成，賜死的賜死，毒害的毒害，手段之殘忍，遠勝於對待敵人。范蠡說得好：「狡兔死，走狗烹，飛鳥盡，良弓藏」。這是殘酷的人情冷暖與社會現實，不得不審愼提防！

我們爲任何人付出自己的信任與努力之前，一定要仔細地想一想：這個人値得爲他這樣做嗎？這個人能夠共患難，也能夠同享福嗎？

先想清楚，再付出自己的眞心，以免落得悲慘的下場。

對牛彈琴注定沒有效用

如果能好好地運用同理心，以對等的姿態與語言和對方溝通，一定能獲得圓滿的結局。

人與人之間的溝通是世界上最複雜，也是最難以掌握的事情之一，因爲人有千百種，每個人有不同的智慧及人生歷練，有不同的成長環境與教育背景，更有不同的利益以及政治立場。

要如何因應這些許許多多的「不同」，掌握溝通的要件，是一門非常值得我們學習的學問。

傳說孔子有三千弟子，其中又有七十二賢人，子貢就是這七十二賢人中比較有名的一個。

子貢非常聰明，頭腦靈活，靠著巧言善辯，曾多次解救孔子及其他弟子於危難之中。

據說孔子周遊列國時，有一次中途疲困，停在大路邊歇息。誰知道駕車的轅馬忽然掙脫了韁繩，跑去啃別人種的莊稼，結果被正在田裡幹活的農夫抓住了，並當場扣留起來，硬要孔子他們給個交代才願意放行。

子貢自覺辯才無礙，那麼多達官貴人都為他的辯才折服，僅憑著三寸不爛之舌，就「存魯、亂齊、破吳、強晉、霸越」，說服這麼幾個小小的農夫簡直輕而易舉。

於是，子貢信心十足地走過去，擺起架子，對著那幾個農夫滔滔不絕地說了一大通，上至天文，下至地理，引經據典旁徵博引，眞的是舌燦蓮花，說得天花亂墜。

可是那幾個農夫只是瞪著他，一句話也聽不懂，最後實在不耐煩了，一個個揮著拳頭，舞著棍棒，做出要動武的樣子，子貢這才悻悻然跑回去，臉上很不自在。

連子貢這麼善於論辯的人都要不回那匹馬，這下大家更加發愁了。正在衆人無計可施的時候，看上去笨頭笨腦，專門替孔子趕車的車夫卻自告奮勇要去討回那匹馬。孔子見其他弟子都不敢去，只好讓他去碰碰運氣。

馬車夫走到那些農夫跟前說：「如果你們在東海耕田種地，我們在西海耕田種地，平常當然不會有相遇的機會；可是，我們現在離得不遠，有很多機會互相碰頭，又怎麼能保證自己的馬不吃對方的莊稼呢？」

農夫們一聽，一下子恍然大悟，不住地點頭說道：「這才對嘛，你這話說得有理。先前那個人說了一大堆，根本不知道在說什麼！」

然後，農夫們和顏悅色地把馬還給了馬車夫。

子貢是孔子弟子當中最能言善道的，但是爲什麼他花了好大功夫都無法說服的農夫，卻在馬車夫簡簡單單的幾句話之後，就同意將馬奉還？子貢究竟哪些地方不如馬車夫呢？

首先是使用的語言。子貢說服農夫們的話語中，用了許多繁雜的典故與道理，這些對達官貴人有用，但是卻未必適合販夫走卒。

想要說服別人，就要使用他們最容易理解、最感到親切的語言。馬車夫雖然學問遠不及子貢，但是他只用了很簡單的比喻就讓對方了解了自己的意思，意簡言賅正是成功的關鍵。

更重要的是，子貢與農夫談話時，帶著自己是知識份子的優越感，擺起架子與農夫談話，自恃高人一等的後果，恐怕只能收到反效果；而馬車夫以平等性的姿態溝通，當然更容易得到農夫們的好感與信賴。

「溝通」這門學問最重要的兩條法則，在這個故事裡我們可以看得很清楚。如果能好好地運用同理心，以對等的姿態與語言和對方溝通，最後一定能獲得圓滿的結局。

損人不利己，不如充實自己

與其把自己寶貴的時間與精力花在損人未必利己的事情上，還不如用來做一些充實自己、幫助他人的事！

在這個世界上，爲了達到特定的目的，許多人會用盡一切方法鋌而走險，甚至不擇手段。對他們而言，只要能得到結果，不論自己用的是什麼辦法，都不是那麼要緊。

不過，有膽量與頭腦這樣做的人，反而常常會因爲自以爲聰明，卻疏忽了「人算不如天算」的道理，最後仍是無法逃脫命運的擺弄。

唐朝時候，有一位名叫韋固的人到宋城旅行，某一天晚上，韋固在街上閒逛，看到月光之下有一個老人席地而坐，正在翻一本又大又厚的書，而身邊則放著一個裝滿了紅色繩子的大布袋。

韋固很好奇地走過去問他：「老人家，請問你在看什麼書啊？」

老人回答說：「這是一本記載天下男女婚姻的書。」

韋固聽了這話之後更加好奇，又問老人：「那你袋子裡的紅繩子，又是做什麼用的呢？」

老人微笑著對韋固說：「這些紅繩是用來繫夫妻的腳的，不管男女雙方是仇人或是相距很遠，我只要用這些紅繩繫在他們的腳上，他們就一定會相遇，並且結成夫妻。」

韋固聽了，自然不相信，以為老人在開玩笑，但是他對這個古怪的老人，仍舊充滿了好奇。不久，老人忽然站起身來，帶著身上的東西，向米市走去，韋固索性就跟著他走。

到了米市，他們看見一個盲婦抱著一個三歲左右的小女孩迎面走過來，老人便對韋固說：「這盲婦手裡抱的小女孩便是你將來的妻子。」

韋固聽了很生氣，以爲老人故意開他玩笑，便叫家奴把那小女孩殺掉，看她將來還會不會成爲自己的妻子！

家奴奉命刺殺小女孩，但卻於心不忍，只刺了女孩一刀便立刻跑掉了。當韋固再要去找那老人算帳之時，卻已經不見他的蹤影了。

光陰似箭，轉眼十四年過去了，這時韋固已經找到滿意的對象，即將結婚。對方是相州刺史王泰的掌上明珠，人長得很漂亮，只是眉間有一道疤痕。韋固覺得非常奇怪，便問岳父說：「爲什麼她的眉間有疤痕呢？」

王泰聽了以後便說：「說來令人氣憤，十四年前在宋城，有一天褓姆陳氏抱著她從米市走過，有一個狂徒竟然無緣無故地刺了她一刀，幸好沒有生命危險，只留下這道傷疤，眞是不幸中的大幸！」

韋固聽了，楞了一下，十四年前的那段往事迅速浮現在他的腦海裡，心想難道她就是自己命僕人去刺殺的小女孩？於是便很緊張地追問說：「那褓姆是不是一個失明的盲婦？」

王泰看到女婿的臉色有異，且問得蹊蹺，便反問他說：「不錯，是個盲婦，可是，你怎麼會知道呢？」

韋固證實了這一點之後，眞是驚訝極了，一時間答不出話來，過了好一會兒才平靜下來，把十四年前在宋城遇到月下老人的事全盤說出。

王泰聽了，也感到驚訝不已。韋固這才明白月下老人的話並非開玩笑，他們的姻緣眞的冥冥之中安排好的。

雖然如此，但自己在十四年前險些將妻子殺死，這件事卻成爲韋固人生中的一大遺憾，岳父與妻子知道此事後，對他也始終懷有心結，韋固只能終其一生比常人付出更多的努力，博取他們的愛與信任。

韋固可以因爲小小的意氣之爭而動念想將女童殺除，可以說是一個在道德方面有所虧欠的人。他想得輕鬆，卻沒想到自己當初歹心所留下的刀疤，到最後卻成了一生揮之不去的污點。

《紅樓夢》裡對於手段狠辣、工於心計，最後卻聰明反被聰明誤的王熙鳳有句評詞：「機關算盡太聰明，反誤了卿卿性命。」

這句話說得非常精妙，人的智慧有限，而生命卻有太多太多的可能性，萬事萬物的變化無常，不是一個自以爲聰明的聰明人就可以預料、算計到的。韋固命令家奴下手時，只覺得刺殺的不過是盲眼婦人的小孩，哪料得到那小女孩是相州刺史的千金？

這則「月下老人」的傳說故事雖然帶有神話色彩，顯然也不適用於離婚率節節高升的現化社會，不過，從爲人處世的觀點來說，它仍舊提醒我們，與其把自己寶貴的時間與精力花在損人未必利己的事情上，還不如用來做一些充實自己、幫助他人的事！

把過去當成反省的借鏡

如果我們不敢去看那面能見到未來的鏡子，那麼我們又如何省視過去，並努力改變現在的自己呢？

常常我們都太忙碌了，汲汲營營於生活中的柴米油鹽醬醋茶之中。是否曾經有時間安靜下來，仔細默默地回想，自己這一生的所作所爲，究竟是黑是白，究竟是錯是對？

過去、現在與未來是一條串聯起人生的鏈子，三者環環相扣、緊密難分，即使我們不用宗教的眼光來看待，人生當中的「因果關係」，依然是種運行不止的不變眞理。

唐朝末年，天下大亂，民不聊生。

這一天，洛陽街頭忽然出現了一個老太婆，看起來樣子普通，卻拿著一面銀光閃閃的鏡子高聲叫賣。

有人上前問她：「老人家，您這鏡子多少錢願意賣？」

老太婆微笑著說：「一千兩紋銀，多一分不要，少一分不賣。」

一個少年一聽，有些奇怪，說道：「小小一面鏡子，就算是黃金做的，只怕也值不了一千兩銀子，這鏡子究竟有什麼特別，怎麼這麼貴？」

老太婆說：「我這鏡子，一可以照你以往的所作所爲，二可以照你心地善惡。絲毫不會出錯，有這樣的好處，難道還不值一千兩銀子嗎？」

那少年一聽，搖搖頭說道：「老人家，您快別開玩笑了，這世上哪有這種神奇的寶貝？」

老太婆仍然微笑著對少年說：「不信的話，你可以試一下，但是，照一次要給我三文錢。」

少年低頭想了想，便掏出三文錢遞給老太婆。

老太婆接過錢，把鏡子拿在手裡，對少年說：「照的時候一定要心無雜念，不然可什麼都照不出來。」

少年依言對著鏡子照了大約一盞茶時間，果然鏡子中照出了自己以往的所作所爲，沒有絲毫差錯。照到最後才知道自己死後會墮入畜生道中，來生投胎成了一條狗。

少年看得心驚膽戰，滿頭大汗，可是旁人看去鏡子中卻空空如也，什麼也沒有。老太婆收了鏡子，對少年說：「我沒有騙你吧？絕對沒有絲毫差錯，這三文錢不冤吧？」

少年臉色蒼白，彷彿大病一場，圍住他的人都紛紛問他看到了什麼，少年不好回答，只是一個勁地說：「三文錢，值得！你們也照一下吧，肯定值得！」之後便匆匆走了。

旁人一聽，好奇心大起，排起了長長的隊伍，花三文錢照一下那面鏡子，結果驚動了全城的人，那天照過鏡子的高達三千多人。

大部分人照完之後，都像那個少年一樣，滿頭大汗，臉色蒼白，眼中滿是驚訝和恐懼，只有極少部分人面帶喜色。

眼看天色不早，老太婆收起鏡子，說道：「這麼好的寶貝，只賣一千兩，竟然都沒有人買，可見此地無識貨之人。天色不早了，我要走了。」

說完，老太婆將鏡子裝起來，站起身，彈了一下身上的灰塵。

就在這瞬間，老太婆在不同的人眼裡竟有不同的形象。惡人眼中的老太婆是兇神惡煞，平常人眼裡的老太婆則帶著怒氣，而心地善良的人眼中的老太婆，卻是慈眉善目的觀世音菩薩。

看完這個故事，或許我們該問問自己：「如果面前真的有這麼一面神奇的鏡子，我敢照嗎？」

有的時候，我們無法跳脫既有的觀點，用比較客觀的角度去思索自身的所作所爲，或者我們常常太過執著於自我，無法用更廣的角度去審視自己的過去與現在。

如果我們能把那些執念放下、把唯利是圖的想法放下，那麼我們眼中的自己，又會是什麼樣子呢？

現在的自己是過去行爲的累積，而未來又掌握在現在自己的手上，如果我們不敢去看那面能見到未來的鏡子，那麼我們又如何省視過去，並努力改變現在的自己呢？

化繁為簡才能得到最好的效果

越是暮氣沉沉，越是接近滅亡衰敗的團體或國家，越會有繁瑣的限制與束縛，阻止事情以最快最有效率的方式進行。

兩點之間最近的距離是什麼？

問題相當簡單，相信大家應該都清楚，兩點之間最近的距離就是「直線」。

這個道理，用在人與人之間的相處互動也一樣。如果要得到最快、最不浪費時間的結果，「直接溝通、直接進行」不失爲最便捷的方式。

但是，爲什麼在辦事與洽公的時候，我們卻往往得遇上許多不得不迂迴的彎曲、以及不必要的拖延呢？

這是因爲大家都忽略時間也是一種寶貴成本，忽略了「時間就是金錢」的基本理念，也忽略了「節省時間，提高效率」就是成功的關鍵，因而把時間耗費在繁文縟節上頭。

天下太平後，姜太公被周王封於齊，不到半年，就回朝廷向周王報告，表示齊地的政事制度已全部安排好，人民也安定下來，一切都進入正常軌道。

當時周公攝政，對他的話不太相信，便問：「怎麼這麼快？」

姜太公答道：「我只是簡化了君臣上下繁複的禮儀，又不改變當地的風俗習慣。比如，原來大臣覲見齊國君主要先經過幾重審批，無論多緊急的事情，都不能破例，這樣誤時又誤事，各處衙門長官在做出決定之前也必須事事向大王稟報，沒有辦法自主。現在，我授予各衙門長官一定的權限，小事自己做主即可，不但提高了工作效率，還使他們更加積極投入。此外，我保留齊地的風俗習慣，使百姓不會感到生活有太大的變化，反而更加輕鬆，人民安居樂業，國內秩序井然，政治局面自然能在短時間得到安定。」

同時期，周公派他的兒子伯禽去治理魯國，花了三年才將政事安排妥當。

周公問：「怎麼這麼慢？姜太公只需半年就使齊國穩定了。」

伯禽答道：「這是因爲我改變了原有的風俗，制定了新的禮儀，例如必須親喪三年才能除掉喪服。」

周公聽了，不禁搖搖頭說：「這樣下去，恐怕魯國的人都會搬到北面的齊國去了。國政繁瑣而不簡便，百姓們就不容易和君主親近，也更加不可能依附他，愛戴他了啊！」

姜太公管理國政的方法，的確値得我們引以爲鑑。

傳統的東方社會中，有太多繁文縟節、太多人情世故，讓事情無法以最直接的方式進行。向上通報一個問題，要先經過層層關卡、層層單位，等傳達到管理者或主事者身上，早就不知道過了多久，也失去了時效性。現今世局變化得這麼快，舊的問題尚未解，新的挑戰已經相繼出現，層層疊疊沒有解決完的一天，這樣下去，要不糟糕也難。

如果身爲主事者，就有責任把這複雜的流程簡化；如果不是主事者，則應該提出改進的要求，並予以監督。

如此一來，無論在上位或在下位者，都將共蒙其利。

越是暮氣沉沉，越是接近滅亡衰敗的團體或國家，越會有繁瑣的限制與束縛，阻止事情以最快最有效率的方式進行。適時的「化繁爲簡」、「化間接爲直接」，將是團體向前邁進的強心針！

按部就班，生命才不會有「雀斑」

或許也該停下忙碌追求的腳步，想一想：我真正想要的是什麼？我是不是對於某些不那麼重要的事物太過執著了？

人生在世，追求的是什麼？

大部分的人可能會回答：「幸福。」

不過，幸福是什麼呢？是擁有美滿的家庭？富裕的生活？健康的身體？自我的滿足？或是其他東西呢？

法國思想家蒙田曾經寫道：「生命的重點並不在於長短，而是在於你是否按部就班地走到終點。」

的確，生命究竟有沒有意義並不是你的責任，但是能否踏穩腳步，找到人生的出路，就是你無法推卸的責任。

很久很久以前有一座焦湖廟，廟裡有一個玉枕頭，枕頭上有一個小孔。據說，枕著這個枕頭睡覺，可以在夢裡經歷許多美好的事情。

那個時候，單父縣有個名叫楊林的人以經商爲生，生意不怎麼好，一天到晚都愁眉苦臉，總希望能時來運轉，突然在哪天發大財，變成大富翁。

這天，楊林帶著貨物去兜售，走得滿頭大汗，肩上挑的擔子壓得他喘不過氣，實在苦不堪言。

楊林想找個地方休息一下，又剛好經過焦湖廟，就打算進去歇歇腳。

楊林跪在菩薩跟前祈禱，口裡唸唸有詞：「老天爺請保佑我時來運轉，發財致富，一輩子過著幸福快樂的日子！」

廟公見了楊林的情況，就對他說：「我可以讓你體會一下你想要的生活，你願意嗎？」

楊林高興極了，忙不迭地說道：「眞的？好啊好啊，我當然願意！」

廟公就取出那個神奇的玉枕給楊林，說道：「你先去睡一會兒吧。」

楊林枕著玉枕躺下，不一會兒就進入夢鄉。

他夢見自己來到一個大戶人家，那裡有亭台樓閣、小橋流水，花園內充滿鳥語花香，屋裡更是美輪美奐，一派富貴氣象。官高位顯的屋主熱情地將他迎到客廳裡，和他談笑風生，兩人談得非常投機。

在這裡，楊林好像又投了一次胎，和先前的感覺完全不一樣。接著，這屋主相中了他做女婿，要把女兒許配給他。

於是，他也做了大官，家財萬貫，妻子如花似玉、溫柔賢慧，爲他生下六個兒子，這六個兒子個個都很有本事。

楊林有享受不盡的榮華富貴，無憂無慮地生活著，身邊又有妻兒相伴，過得快樂極了。

但是，好景不常，快樂的時光易逝，一轉眼幾十年過去了，夢中的他漸漸老去，妻子死了，兒子也死了，只剩下自己孤孤單單地活著。

忽然，楊林從夢中醒來，發現自己還在廟裡，躺在玉枕上。夢中的一切都無影無蹤，只有沒賣完的貨物還在身旁，心下不禁十分惆悵。

這個故事說明了人生中所追求的事物，如果不懂得按部就班的道理，其實絕大部分都是非常短暫的。

就算擁有了萬貫的家財、美滿的家庭、順遂的事業，但要是沒踏穩腳步，到了最後，就像這個夢一樣，一醒過來卻發現什麼都無影無蹤。

不可諱言，追求幸福是我們與生俱來的權利，也絕對不能否定，我們應該積極努力地充實與滿足自己，讓自己的生命與生活更精采更豐富。然而，讀完這個故事，或許也該停下忙碌追求的腳步，想一想：我真正想要的是什麼？我是不是對於某些不那麼重要的事物太過執著了？沒有它們會怎樣？擁有了它們又怎樣？

作家赫伯特曾經感慨地這麼說：「當我們了解什麼是人生之前，通常都已經浪費一半的人生。」

其實，只有懂得按部就班走完人生的人，才不會讓自己的生命出現像雀斑一樣的污點，只有那些拋開不切實際的夢幻，一步一腳印勇往直前的人，才能順利找到生命的出口，獲得眞正的幸福。

幸福與不幸福，未必可以用金錢、愛情、親情、事業等等來判斷、衡量，而是取決於自己的一念之間。

人生可以過得很複雜，也可以過得很單純。但無論如何，我們總是要讓自己快樂，不是嗎？

07

心態持平，才能做出正確決定

人們常常因為喜愛、輕率，
而將現實美化與理想化。
因此，在做出任何決定之前，
我們都應該提醒自己，慎重，再慎重。

政策不公，小心引起紛爭

勞苦大眾最厭惡的就是看見那些不勞而獲的特權階級，付出的努力相同，得到的回報卻有著明顯差距，誰不會心生怨懟呢？

如果向幾位企業或是機關團體的管理階層發出一份調查問卷，題目是：就一個企業、一個團體的管理層面來說，什麼事最有可能會造成企業員工或團體成員的不滿、內部的猜忌與緊張？

不妨猜猜看，這些管理者一定不會缺漏的答案，究竟是什麼？

宓子賤是春秋時代魯國人，也是孔子的弟子，曾出任單父宰。

任職單父宰期間，正好碰上齊王下令攻打魯國，將要經過他所管轄的地方。當時正值秋收時節，田中的金黃麥穗結實纍纍，老百姓們對即將到來的豐收期待已久，誰知道齊國竟選擇於此時攻入，對人們的生計造成很大的影響。

有人向宓子賤建議：「大人，田裡的麥子已經成熟了，您就讓老百姓趕緊收割吧！這樣既可以增加國家的糧食收入，又不至於讓齊國撿了現成的便宜。」

宓子賤沒有同意。

接著，又有人進言道：「大人，敵軍馬上就打過來了，大家準備逃難，總得帶些糧食，更何況不能把辛苦耕種的麥子白白送給齊國人啊！您就准許我們隨便收割吧！」

宓子賤還是沒有同意。

第三次，更多的人前來請求，甚至當場下跪磕頭，但是宓子賤依舊不肯讓步。大家心下都不服，氣憤不平地暗罵他眞是個不愛民的糊塗官。

不久，齊國的軍隊果眞打了過來，並毫不客氣地將田裡的麥子收割得一乾二淨，半點不留。這意外的收穫不但解決了糧食問題，又大大節省了運糧費用和軍隊開支，齊國將領士兵都爲此樂得合不攏嘴。

戰爭結束後，魯國公子季孫得知這件事，非常生氣，懷疑宓子賤是否私下串通齊國，從中獲得某些利益，立刻命部下前往單父向宓子賤問罪。

宓子賤回答：「雖然今年損失了相當多麥子，但明年仍可以重新栽種，從頭來過。若是我一時心軟答應了任意收割的要求，竟讓那些平時不肯耕作的人得到了不屬於他的豐盛糧食，看在辛苦勞動的人眼中作何感想？那些平白收割麥子的人便會年年期待敵國入侵好再撿便宜。以單父一年的收成，收割與否對魯國的糧食總量並沒有太大影響，但是若讓百姓產生了期待不勞而獲的僥倖心理，由此造成的後患可會延續數百年啊！」

使臣聽完覺得有理，回朝稟報季孫。季孫聽後，慚愧地說：「唉！他說得對！如果地上有個縫，我一定馬上鑽進去，只因實在沒臉見宓子賤啊！」

不論主事者本身有意或無心，不公、偏私的政策或措施最容易讓底下的人心生不滿。勞苦大衆最厭惡的就是看見那些不勞而獲的特權階級，在同樣的環境條件下工作，付出的精神與努力明明沒有不同，得到的回報卻有著明顯差距，誰不會心生怨懟呢？

宓子賤寧可讓敵人來佔便宜，也不肯因爲戰爭的關係而破壞了「付出」與「所得」之間的平衡，這是他在兩害相權取其輕之後必須做出的抉擇。

一旦單父這個地方的人民開始抱著不平、不滿，以及想要不勞而獲的僥倖心態，身爲地方管理者所損失的，將不只是該年度的麥子收成，而是人心離亂之後衍生的生產力低下、內部鬥爭紛起，以及對「多勞多得」觀念的質疑。如此一來，誰還願意好好耕種？社會秩序又該如何維持？

一個管理者，不論所掌管的是企業、學校，甚至只是幾個人組成的小公司，絕對不能忘記的就是「公平」這個原則。

對辛勞付出的人要給予對等的尊重與待遇，對吝於努力的人則不能使其存有僥倖之心，因爲「天下沒有白吃的午餐」，一旦破了這個例，即使只有一次，都會造成不易匡正收拾的遺患。

人也可以成為「投資」的目標

投資，可以經營的不只有事和物，還包括了「人」！許多人考證照，培養第二專長，努力進修，正是一種勇於投資自己的寫照。

近來買樂透、玩彩券的風氣盛行，每到開獎前夕，總有許多人在投注站前大排長龍，期望能藉著一點小錢買個希望，以小搏大，得到上億彩金。

但是，大家心裡也明白，頭彩的中獎機率不過百萬、千萬分之一而已，哪能如此輕易到手？

誰都想要發財，想要享盡榮華富貴，不過，對於並非「銜著金湯匙出生」的大多數人而言，手上既沒有雄厚資本，能利用的資源也極爲有限，如何能和衆多對手競爭，甚至脫穎而出，得到想要的成果呢？

其實，「投資」未必純粹是以本錢定勝負的遊戲，只要抓對了觀念，便有相當多元的選擇，不一定非要靠砸大錢買基金、買股票、炒地皮才能致富。

子楚是戰國時代秦孝文王的兒子，以人質的身分被送到趙國。他在趙國的日子並不好過，不但日夜受到監視，手頭也不寬裕。

此時，呂不韋正在趙國都城邯鄲做生意，他是個很有心機、很有遠見的人，一聽說子楚在趙國當人質，便馬上有了主意。呂不韋盤算著，秦國目前實力強大，未來極有可能稱霸一方，子楚眼下雖處境落魄，但應是個能成大事的人，若能輔助他登上王位，就可以成爲秦國的功臣，到時候呼風喚雨，一輩子都有享不盡的榮華富貴，是非常值得的投資。

於是，呂不韋前去拜見子楚，期望能與他結交爲友。子楚見到有人主動登門拜訪，願意與自己結交，當然很高興，於是兩人熱絡地談起話來。

當談到子楚的生活時，呂不韋同情地說：「公子，您住得太簡陋了，我願意幫助您，光大您的門戶。」

子楚聞言笑說：「你還是先光大你的門戶，再來幫助我吧！」

呂不韋一本正經地回答：「公子，您有所不知，我家的門戶要等您家的門戶光大之後才能光大。」

子楚是個聰明人，頓時明白了呂不韋話中流露的深層涵義，臉色不禁一變，請他細談他的計劃。

呂不韋分析當今秦國的形勢說：「現在秦王已經年老體弱，您的兄長安國君被封爲儲君。我聽說安國君十分寵愛華陽夫人，可是華陽夫人膝下無子，將來的王室繼承人勢必還是得從同輩兄弟中選出。現在您的兄弟共有二十多人，您排行居中，並不怎麼受到寵愛，還長期被當成人質，實在沒有任何優勢與那些整日圍在安國君身邊的兄弟們競爭，被立爲儲君的機會很小啊！」

子楚聽了點點頭：「的確如此，那依你看我該怎麼辦呢？」

呂不韋答道：「您生活清貧，又客居此地，沒有錢財奉養雙親或結交朋友。我願意資助一筆財產，供您回到秦國後討安國君和華陽夫人歡心，如此一來，被立爲儲君的機會就大大增加了。」

子楚聽後高興得不得了，直說：「如果日後我眞的能坐上秦王寶座，一定與您共享榮華富貴。」

在呂不韋的運籌帷幄與全力幫助下，許多年後，子楚果眞成爲秦國的國君，而呂不韋也就此平步青雲。

所謂的投資，就是運用非凡的想像力在腦海中描繪未來的遠景，並且腳踏實地積極推動自己的規劃，而不是光做成功夢。

成功學大師戴爾·卡內基曾說：「如果你真的相信自己，並且深信自己一定能夠達成夢想，你就真的能夠步入坦途，別人也會更需要你。」

呂不韋將優秀的商業頭腦運用在子楚身上，以子楚的前途當做生意來投資，到最後，子楚成功了，呂不韋也達到目的，開創自己更上一層樓的「事業」，這不能不說是一種非常高明前瞻的思考與嘗試。

投資，可以經營的不只有事、物，還包括了「人」！

想想呂不韋權傾天下的過程，不妨再仔細想想，呂不韋能這樣投資子楚，我們爲什麼不能這樣投資自己？

在這個「知識即資產」的年代，只要有心，肯花功夫、花時間，再平凡的人也能具備一身價值不凡的專業技能。許多人努力考證照，培養第二專長，把握在職進修的機會，正是一種勇於「投資自己」的寫照。

擁有一技之長，便等於爲自己開拓了一條康莊大道，通向美好的未來，不要吝於學習、吝於上進。靠山山倒，靠人人跑，投資自己最好！

夠冷靜，才能穩操勝算

做事要抱持「平常心」。不論一心求快或是貪便宜，只要失去了平日冷靜判斷與行動的能力，失敗與錯誤必然接踵而至。

孔子的弟子子夏是莒父的行政首長，有一回向孔子請教行政該注意的地方。孔子說：「事情不要圖快，再來就是不能只顧蠅頭小利。一味圖快，反而達不到預期目的；只顧小利，就絕對辦不成大事。」

孔子這番話提醒我們，不管做任何事都要夠穩紮穩打，不貪求眼前小利和捷徑，才是眞正做大事的人。

春秋末期，齊國國君齊景公非常器重和依賴宰相晏嬰，所有事情，無論大小，他都會先向晏嬰請教，然後再行定奪。

一次，齊景公正在海邊遊玩散心，忽然接到侍者的報告：「大王，大事不好了，宰相晏嬰病倒了，病況十分嚴重啊！」

齊景公聽到這個消息大驚失色，挑選了最好的駕車手，以及最好的馬匹，便急急忙忙回京了。在車上，齊景公還不住地催促駕車手：「快點，再快點！宰相的生命有危險了！」

雖然馬兒已經全力奔跑，齊景公仍然覺得太慢，沉不住氣的他索性把駕車手往旁邊一推，自己拿鞭子趕車。

這樣又跑了一陣子，他還是嫌不夠快，怎麼辦呢？心急如焚的齊國國君竟做出了一項驚人之舉——跳下馬車，徒步奔跑起來。但是，兩條腿的人怎麼可能快過四條腿的馬？一心求快的結果，反而更慢。

跑了一陣子，見實在不行，齊景公只好無奈地回到車上，讓駕車手重新駕駛馬車往都城前進，這個時候他才終於領悟到自己方才的衝動與可笑。

想快時常常快不了，一心貪便宜總難逃吃大虧，爲什麼？想快的時候，只注意速度，恨不得一步到位，便會搞亂了應有的穩定步伐。常聽人說「病急亂投醫」，一旦「急」就會「亂」，哪裡還能分辨東南西北？一旦「亂」，不能穩紮穩打、保持冷靜，很快就會自亂陣腳，招致失敗。

貪小便宜也一樣，受制於貪念，蒙蔽了自己原有的感覺與判斷能力，這樣一來，又怎麼能做出最正確抉擇呢？正如層出不窮的詐騙案件，結果往往是受騙上當，白花了大把的冤枉錢。

長輩常常告誡我們做事要抱持「平常心」，正是這個道理。不論一心求快或是貪圖眼前的便宜，只要失去了平常心，失去了冷靜判斷與行動的能力，失敗與錯誤必然接踵而至！

沒有思考，就不算「知道」

身處資訊爆炸的時代，我們常常忘了一項事實：書本、媒體，都只是傳遞知識的工具，不能代表知識本身。

《論語》中有句耳熟能詳的話：「知之為知之，不知為不知，是知也。」字面的意思很簡單，內蘊的寓意卻相當深遠。我們對一件事情的認知有多少，都應該據實以定，而非胡混、瞎充、灌水，要先明白自己的不足，才可能慢慢地達到「知」的境界。

但是，偏偏有許多人，非但不曉得自己的「不知」與不足，反而還常常得到一點皮毛後便自以爲是、沾沾自喜。

爲了避免成爲這樣的人，我們最好經常這樣反問自己：對於自以爲已經明白的事情，眞的「知道」了多少？

戰國時，有位名震一時，非常善於相馬的大師，名叫伯樂。爲了不讓自己相馬的經驗失傳，他曾在晚年寫了一本如何識別馬匹好壞的書——《相馬經》。這本書記載了他全部的相馬技巧和經驗，是一部不可多得的好書。

自從伯樂出名以後，原本清貧的家境一天比一天富裕，伯樂的兒子過了那麼久的苦日子，終於等到翻身的時候，自然不忘享受一番，鎭日吃喝玩樂。雖然伯樂很希望兒子能和自己一起尋找好馬，順便學習這門技術，可是兒子總是找出各種藉口推託，不肯出門。

伯樂的兒子知道父親寫了一本《相馬經》，心想只要看完那本書，不就等於學到了父親的全部本事，哪裡還需要不辭勞苦的出門東奔西跑呢？於是，便拿起《相馬經》在家裡仔細研究。

幾天之後，他對伯樂說：「父親，您寫的相馬經我已經讀完了，其中的精要我全部都領悟啦！」

伯樂有意試探兒子的程度，便回答：「那好，幫我尋一匹千里馬來吧！」

兒子一聽，立刻拿起《相馬經》，翻到描寫千里馬的那一頁，唸著：「額頭豐滿，眼睛閃閃發光，蹄子又大又端正。嗯，這還不簡單！」

他高高興興出了門，走沒多遠，便看見前方不遠處有一條小河，河岸邊居然有一個「額頭豐滿，眼睛閃閃發光」的東西，還不時東張西望，蹦來跳去。伯樂的兒子想，這和父親書上所描述的差不多，雖然蹄子不夠大也不夠端正，不過應該不會差到哪裡去，十之八九就是千里馬。於是，立刻挽起褲管，下河抓住「千里馬」，連跑帶跳地回家。

還沒進門，他就扯開嗓子高喊：「父親，父親，我抓到千里馬了，您快來看啊！」

伯樂一聽，迅速從屋中跑了出來，可是當他看到兒子抓在手中的竟是隻癩蛤蟆，不禁火冒三丈，氣得幾乎當場暈過去，連一句話也說不出來。

兒子不知情，還興沖沖地強調：「您看，我找到了，和書上所寫的大致相同，只是四個蹄子達不到『又大又端正』的標準罷了。」

伯樂簡直哭笑不得，只好回說：「是啊！這匹馬最適合跳遠，可惜不能用來拉車，也跑不快。」

兒子一頭霧水，弄不清父親話中的意思，呆愣在原地。

伯樂的兒子只知道把書裡的文字原封不動搬出來，事實上對千里馬一點概念也沒有，不過是「按書索驥」，亂抓一通而已，連自己抓到的究竟是馬或是癩蛤蟆都分不清楚。

身處資訊爆炸的時代，我們常常忘了一件很重要的事實：書本、媒體等，都只是傳遞知識的工具，不能代表知識本身，即便將它們唸得再熟，只要不能落實應用，都算不上眞正的掌握。

《菜根譚》中所謂「功夫自難處做去，學問從苦中得來」，便是告訴我們，沒有經歷過艱苦的求知、驗證，那些印在白紙黑字上的文字，就無法落實到身上，如此，我們又怎麼敢妄言自己「知道」、「明白」了呢？

期望有所得，必先要有相對應的付出。在資訊隨手可得的今天，我們得要花更多的時間去驗證、去思考、去歸納，才能眞正將「資訊」轉爲「知識」，內化爲思考行動的一部分。

斬斷退路，向前衝！

當我們的腦袋除了「向前進」的念頭之外，還存有「向後退」的想法時，就不可能使出百分之百的力量前進。

多數人在計劃事情的時候，總會希望盡量把各種可能發生的情況計算進去，設想未來可能會發生什麼樣的變數，若是走到那一步自己又該如何應對……如此這般，逐步地盤算。

在人生旅程中，我們也免不了要為自己的前途操心，特別是在面臨眾多關卡與抉擇的交叉路口，更是會想要事先做幾回「沙盤推演」。比如，如果畢業後沒有進入理想的某某公司，就先到另一個地方上班；如果明年沒有考上某某執照或資格，便只好退而求其次，找別的工作……

雖然有許多不同的選擇是件好事，可以讓我們少承擔一些打擊風險，但換個角度想，當「考慮」與「退路」太多的時候，是否也間接削弱了那種不顧一切奮勇向前的魄力與決心？

秦始皇平定六國，一統天下之後，大肆剝削百姓，橫徵暴斂，結果弄得民不聊生，怨聲四起。

終於，在秦二世即位後不久，各路諸侯起兵造反，其中，以項梁爲首的義軍和以劉邦爲首的部隊聲勢最爲浩大。

項梁手下有一員猛將——他的侄兒項羽，勇猛過人，平生從未遇過對手。一次，秦國大將章邯的軍隊在定陶遭遇項梁，兩軍發生激戰，結果足智多謀、英勇善戰的章邯獲勝，並且俘虜了大部分敵兵，項梁在這場戰鬥中不幸被殺死，項羽順理成章接下了統帥之位。

章邯乘勝追擊，指派手下戰將王離和涉間繼續攻打趙國。王涉二人率領幾萬大軍把鉅鹿城層層包圍，打算困死城內的士兵和百姓。項羽得到鉅鹿被困的戰報，派遣英布和另一個姓薄的將軍率兩萬兵馬前往救援，但英布的軍隊沒能攻破秦軍的防守，項羽於是親自率兵出擊。

當部隊渡過漳河之後，項羽命令士兵把所有的船隻底部鑿穿，任其沉入河底，又命令士兵把全部的飯鍋打碎，連岸上的房屋都放一把火燒光，每個士兵只配給三天份的乾糧。

然後，項羽召集所有士兵，親自對他們說：「現在已經沒有退路了，從現在起就要勇往直前，不能再存有絲毫撤退的想法和戰敗的念頭，如果打不過王離，就只有被秦軍殺死或者活埋的份，所以我們必須想盡一切辦法戰勝敵人，才有辦法活下去，大家都清楚了嗎？」

衆士兵齊聲高呼：「活捉王離，活捉王離！」表明了必勝的信心後，便浩浩蕩蕩地出發了。

兩軍很快在鉅鹿城下發生激戰，沒有任何退路的楚軍表現極爲勇猛，很快打敗秦軍的前鋒。不過，王離的手下將領涉間聞訊率領部隊趕來救援，再次展開戰鬥，由於雙方勢均力敵，竟僵持了兩天。雙方歷經八次交戰之後，項羽的部隊已經又困又乏，手邊也只剩下半天份的乾糧，若再不能一舉戰勝敵人，將難逃活活餓死或被殺死的下場。

這個時候，項羽再一次對眾士兵訓話：「兵士們，只剩唯一的一次機會了，這一次不是我們取勝，就是被敵人活埋，大家準備廝殺吧！」

說完，他身先士卒，策馬帶領眾將士衝向敵方陣營。

一見主帥如此驚人的氣魄，沒有退路的士兵們受到鼓舞，個個奮勇爭先，最後終於如願滅掉秦軍。

鉅鹿之戰中，破釜沉舟的項羽從此揚名天下，成爲各路義軍的統帥。

面臨危機的時候，爲何還要孤注一擲、斬斷生路呢？

理由其實很簡單，當士兵的腦袋除了「向前進」的念頭之外，還存有「向後退」的想法時，就不可能使出百分之百的力量前進。

當一個人的背後是萬丈懸崖絕壁，那麼即便前方有虎有狼，還是會盡力闖一闖，以求生存，這就是項羽的思考模式。

有時，可以走的路太多，可以挑的選擇太多，反而讓我們不知從何抉擇起，甚至不知該使出幾分的力量。

退路讓我們迷惑、卻步、猶豫、徘徊，在這樣的情況下，倒不如學學項羽，效法他的氣魄與決心，告訴自己：「我只給自己一條路走，那就是拿出百分之百毫不保留的力量，向前衝。」

心態持平，才能做出正確決定

人們常常因為喜愛、輕率，而將現實美化與理想化。因此，在做出任何決定之前，我們都應該提醒自己，慎重，再慎重。

有句話是這樣說的：「愛，使人盲目。」

事實上，即便拋開男女間的情愛不談，光是憑著對一個人的欣賞，就足以讓我們做出很多超乎常理的事。

但是，這樣的付出，對於承受的那個人來說，卻可能太過沉重。

春秋時期，鄭國大夫子產行事公正，令人佩服。

一次，子皮提出有意讓尹何擔任封地長官一職。

子產以商量的口吻回應道：「尹何太年輕了，尚不知道能否勝任。」

子皮笑著回答：「尹何這個人挺老實的，不會背叛長上，我很喜歡。這正是個讓他學習磨練的好機會，反正是管理我的封地，我自然會多加照顧，有什麼好擔心的呢？」

子產聽了，皺起眉頭：「這樣做似乎不太合適。大凡一個人喜歡另一個人，總是想對他好，但是，您因爲喜歡尹何就把政事交給他，就好像讓一個不會拿刀的人去割東西，他不但無法順利割開東西，反而更可能使自己受到傷害。這樣一來，所謂的喜愛，卻造成反效果，大家看在眼裡，以後誰還敢再求您的喜愛呢？更何況，您是鄭國的棟樑，如果不慎折斷傾倒，整間屋子將會隨之崩毀，我也會被壓在底下無法脫身的。」

子皮頓時陷入了深思，子產繼續說：「若您有一塊華麗昂貴的綢緞，打算做成衣服，絕對不會先把它拿出來當作練習用的布料。同理，重要的官職，龐大的封邑，對您來說是絕不可失去的庇護條件，而您卻放心讓什麼都還不懂的人去學著管理，不是比拿華麗的綢緞做練習更加可惜嗎？」

子產接著說：「我只聽說學成之後才能參與管理政務，從來沒有聽說把管理政務當作一種學習的機會。又比如打獵，只有熟練於射箭和駕車的人，才能擒獲獵物，如果從沒有射過射箭，也沒有駕過車，那麼一定會從頭到尾擔心翻車壓人，哪裡還有閒工夫去琢磨如何獵獲禽獸呢？」

子皮忙道：「您說得對，是我太愚昧了。常聽人說，君子專門研究重要和長遠的事，小人只會注意細小的、眼前的事。我就是小人啊！衣服穿在身上，我知道愛護；對於重要的官職、龐大的封邑，我卻疏忽輕視，眞是糊塗！沒有您今天的一番話，我絕不會領悟這些道理。」

人們常常過度感情用事，並將現實美化與理想化。就像故事中的子皮，因爲賞識尹何，便想把自己的封地交給他管理，以「磨練」爲理由，卻不顧尹何的年紀、能力是否眞能適任。

只要經過全盤仔細考量，子皮便會發現這樣的舉動，不但可能害了尹何與自己，對於封地的人民也不甚公平。

還沒能夠走路，便想要他飛，這究竟是愛，還是一種傷害？

我們會對別人心生欣賞或是喜歡是理所當然的，但要小心隨之而來的輕率與偏頗。因為喜愛，因為輕率，每個人都可能犯下跟子皮一樣的錯誤，產生一樣的盲點，但那個時候，身邊未必會有一位如子產這般的良師益友點醒自己。

因此，在做出任何決定之前，我們都應該隨時提醒自己，慎重，再慎重。

發揮創造力，就能化垃圾為奇蹟

化無用為有用，所需要的不是金錢、更不是魔法，而是憐物愛物之心，與點石成金的創造力。

我們生活在一個物質資源豐足，不虞匱乏的環境，習慣看見喜歡的物品就買，用完即丟，東西壞了懶得修理，沒用的雜物更不願意留在身邊。

「反正便宜嘛！」我們都會這樣想：「有什麼關係呢？」

不過，在享受這些便利的同時，我們或許都忘了一點，地球上的資源十分有限，隨著世界人口不斷增加，資源的分配必定更加吃緊，現在養成對物品不重視的浪費習慣，一旦有朝一日必須面對物資缺乏的窘境，將後悔莫及。

就算是大家眼中的「垃圾」，經過一番巧思運用之後，都可能搖身一變成爲有用的東西。在我們打算將手上的「垃圾」拋棄之前，不妨先停下來想一想，什麼是有用的，什麼又是無用的？今天丟進垃圾桶的東西，會不會是明天自己得花錢、花時間、花精力去再次取得的寶物呢？

陶侃，字士行，東晉明帝時官拜征西大將軍，平日做事必定親力親爲。他不僅學問淵博，在軍事方面也有相當才能，是個不可多得的人才。

有一次，皇帝派陶侃督造大船。他每天都到造船現場，親自督造，一刻也不離開，工人們自然不敢馬虎行事，加倍努力工作。

陶侃見造船工人們鋸下的木屑和截短的竹頭扔了滿地，就命手下把它們撿拾集中起來，並放到指定的儲藏室收好。

下屬們都不明白他的用意，又嫌麻煩，紛紛抱怨：「這些破爛貨有什麼用，爲什麼還要費力氣把它們收起來？」

陶侃並不想多費唇舌解釋，只是說：「以後你們就知道了，現在不用多問。」

下屬們沒有辦法，只好不情願地把這些木屑、竹頭收拾起來。

日子一天天過去，木屑和竹頭已經在儲藏室中堆放了快一年，老早被人們遺忘了。眼看就要過年，府衙打算在大年初一舉辦一場宴會，邀請朝中大員與會，爲此，陶侃老早就指派下人們準備，絲毫不敢怠慢。

可是天不從人願，年尾那幾天竟下了一場大雪，積雪盈尺，雖然雪停之後陽光普照，但半融的積雪使府衙前的街道泥濘不堪，幾乎無法行走。下屬們知道不能讓朝中的王孫大人們走這樣的爛泥路，又想不出辦法，只好請示陶侃。

陶侃命人將儲藏室中積存的木屑拿出來鋪在街上，蓋住泥濘，道路就像天晴乾燥時一樣容易行走，這下子，下人們全都對陶侃的高瞻遠矚感到佩服。

又有一次，駙馬要動身討伐蜀地，行前得監工趕造一大批船隻。工人們把船板都鋸好之後，卻發現臨時找不到竹釘，無法將船身拼裝起來，急得駙馬直跺腳，延誤了戰期可是重罪。

正當駙馬急如熱鍋上的螞蟻，不知如何是好時，陶侃聽說了這件事，立刻派人把自己督造船隻時收藏的竹頭全送過去，經過一番趕工，船隻總算順利造好，也沒有耽誤討伐蜀地的戰期。

自此以後，人們更加佩服陶侃的深謀遠慮，他也因而深得皇帝讚賞。

陶侃對於「無用」與「有用」的界定，顯然與一般人不太一樣。別人認爲毫無價值，棄之如敝屣的東西，他卻珍而重之地收藏起來，不顧外界的懷疑眼光，相信終究有一天它們會派上用場，從「垃圾」變成「寶貝」。

我們不能將陶侃視爲普通的拾荒者，從故事中可以看出，在收藏之前，對於竹頭和木屑的用途，他早已做過一番審慎的思考。

旁人不明白陶侃的用意，是因爲他們讓「成見」、「刻板印象」限制了自己的眼光，不能夠隨機變通、發揮創意。將木屑鋪在雪地上防滑吸水，用竹頭削成竹釘幫助造船，誰曰不宜？簡直是再巧妙不過了！

化無用爲有用，所需要的不是金錢，更不是魔法，而是憐物愛物之心，與點石成金的創造力。

半途而廢的人不會有成就

許多人喜歡追逐時機做事，一窩蜂地跟隨四周環境而改變，結果反而什麼都沒有辦法累積，也找不出真正屬於自己的方向。

《聖經》上有一句話是這樣說的：「專心一件事，就該忘記背後，全力追求前面的目標。」

事實上，要達到成功，光忘記背後恐怕還不夠，有的時候，甚至還得要拿出完全無視周遭環境影響的勇氣呢！

從前，在鄭國一處偏遠的地方，有個一事無成的人。他從很久以前便想學習一項技術賺錢謀生活，可是總是不成功。

年輕的時候，他曾聽人說製傘這個行業很不錯，就立刻離開家鄉去拜師學習製傘。他學得很快，沒多久便學成歸鄉。

不巧的是，這一返家竟碰上了連續三年大旱，天空不下半滴雨，土地乾到幾乎冒煙龜裂，做好的傘連一點用處都沒有，他就放棄了製傘，改行學習製作打井水的工具。等他把這門技術學成，偏偏又遇上了連續三年大雨，做出來的打水工具同樣乏人問津，派不上用場。

這個人想來想去，考慮了好一陣子後，覺得還是做傘吧！於是又走回老本行。但等他重新做好大量的傘，準備拿到街上去賣的時候，正逢鄭國強盜作亂，戰火四起，老百姓都穿上軍裝打仗去了，很少有人用傘，於是他又打算轉行做兵器，但這時的他早已年老力衰，想學都學不成了。

在越國，有個擅長種地的人，能種出特別漂亮好吃的瓜果蔬菜，因此非常受歡迎。但他並不就此感到滿足，反而想嘗試種些五穀類作物，因爲那個時候糧食非常短缺，又值錢又珍貴。不過，糧食和蔬菜類的種植方法有很大的區別，他過去從來沒有接觸過，因此身邊的親朋好友全都不贊成，甚至大力勸阻。儘管親友的話並非沒有道理，但這個人一旦下了決心便不輕易改變，決定要改種水稻，無論如何，不成功絕不罷休。

於是，他找了一片荒山上的土坡，開墾出一塊田地，種起水稻來。由於他非常精通種植，再加上肯悉心鑽研，第一年就有了難得的大豐收。

但是接下來，便碰上數年大旱，水田經營維持不易，許多人見狀便勸他，何不把田裡的水放出去，改種禾黍呢？

但他仍堅持理念，不改初衷。

果然，當氣候回復正常之後，田裡的稻作又欣欣向榮了。

這個人計算了一下收穫，發現不但抵過歉收時的產量，反而頗有盈餘。

眾人看到他的恆心終於得到回報，感到非常佩服，紛紛向他請教起種植水稻的竅門來。這個人一點也不藏私，詳細地講解傳授所有心得，末了還不忘叮囑眾人一句：「無論天氣如何變化，切記不能半途而廢。」

莎士比亞曾說：「凡事皆需盡力而為，半途而廢者永無成就。」

許多人喜歡追逐時機做事，現在流行什麼就做什麼，一窩蜂地跟隨四周環境而改變，但是，「計劃永遠跟不上變化」，常常在事業或生意開始穩定下來之前，又發現大環境早已在不知不覺中改變，於是再跟著見風轉舵。

這樣一來，什麼都沒有辦法累積，永遠追著流行的腳步走，結果反而找不出眞正屬於自己的方向。

當我們認定了一個目標之後，就應當堅持到底走下去，不要管四周環境一時的變化如何，甚至無須太在意他人的眼光。

擬定目標需要遠見，堅持下去則需要毅力以及勇氣。隨便決定、隨便放棄，到最後一定會隨隨便便地賠上自己的前途。必先堅持目標，才能歡呼收割，這是值得我們謹記的眞理。

08

弄不清真相，會吃虧上當

就是因為人們不求甚解，
一廂情願地相信一些神棍、騙子的話，
才會到了科學昌明的現在，
還是有那麼多人上當。

守住秘密，才能贏得勝利

守不住秘密的結果，就像在紙牌遊戲中總是將自己的底牌掀給對方看一樣，任憑手中有多好的牌，還是沒有辦法贏得勝利。

相信我們都曾經聽過或說過這樣一句話：「我告訴你一個秘密，你可不要告訴別人唷……」

但是結果呢？那個「不要告訴別人的秘密」通常會變成一個「人盡皆知的秘密」，在我們身邊四處流傳。因爲，人人都這樣說：「我告訴你一個秘密，你可不要告訴別人唷……」

韓昭侯平時說話不大謹愼，往往無意間將一些重大的機密事情洩漏了出去，使得大臣們經過仔細思考和討論後做出的周密計劃不能實施。

大家對此很傷腦筋，卻又不好直言告知韓昭侯。

有一天，一位叫堂璽公的聰明人自告奮勇地去勸諫韓昭侯。見了韓昭侯，堂璽公對他說：「假如這裡有一只玉做的酒器，價值千金，但它的中間是空的又沒有底，它能盛水嗎？」

韓昭侯搖了搖頭說：「不能盛水。」

堂璽公又說：「有一只瓦罐子，雖然很不值錢，但它不會漏水，你認爲它能盛酒嗎？」

韓昭侯毫不遲疑地回答說：「可以。」

於是，堂璽公繼續說：「就是這個道理。一個瓦罐子雖然值不了幾文錢，在貴人眼中非常卑賤，但因爲它不漏，可以用來裝酒，能夠展現出自身的價值；而一個玉做的酒器儘管看起來十分精緻，而且價格不菲，但由於空而無底，連水都不能裝，更不用說人們會將陳年佳釀倒進裡面去了。」

看見韓昭侯專心傾聽的樣子，堂谿公便道：「其實人也是一樣，作爲一個地位至尊、舉足輕重的國君，應該與大臣同心協力共謀國家進步。如果經常洩漏與臣下商討的國家機密，那麼即便是再有才幹的臣子，計劃肯定無法實施，才幹和謀略也就難以施展了。」

聽見這比喻，韓昭侯恍然大悟，連連點頭說道：「你說的沒錯！」

從此以後，每當要聽取大臣們一起密謀的計劃、方案，韓昭侯都小心對待，愼之又愼，連晚上睡覺都是獨自一人，因爲他擔心自己在熟睡中說夢話，不小心把計劃和策略洩漏給別人聽見，以致誤了國家大事。

我們常會稱那些藏不住秘密的人爲「大嘴巴」，因爲他們總是沒有辦法在適當的時候閉上嘴巴，無法守住任何秘密。

或許，是爲了顯示自己所知甚多，又或許是爲了好玩等等因素，他們總是忍不住想把所有事情透露出來，而且總是會認爲：「唉呀，我就只跟他講一點，應該不要緊吧！」

究竟要不要緊呢？堂豁公所說沒有底的玉器，就是那些受害於韓昭侯無法守密惡習的人才謀士。他們即使有滿腹的謀略與計策，但就像被鑿了底的玉器一樣，什麼事也做不成！

很多時候，守密是非常重要的，平常親友間的生活小事也就罷了，但要是事關公務、商務，甚至國家大事，那麼一個秘密可能關係著整個公司的營運，關係著一筆龐大的利益或金錢，甚至是許許多多人的幸福，不可不愼！

爲了表現自己什麼都知道，爲了一時的虛榮與快感，也可能是不經意的疏忽，守不住秘密的結果，就像在紙牌遊戲中總是將自己的底牌、王牌掀出來給對方看一樣，任憑手中有多麼好的牌，還是沒有辦法贏得勝利。

弄不清真相，就會吃虧上當

就是因為人們不求甚解，一廂情願地相信一些神棍、騙子的話，才會到了科學昌明的現在，還是有那麼多人上當。

每一個國家、每一個地方，都有屬於自己的神話與傳說，不論是在什麼地方、什麼時代，都不可避免地充滿許多迷信與迷思。

究其原因，除了人類天生對於超自然力量、神鬼之說的喜好之外，一般人對於聽見的故事不加求證、誇大渲染的習性，導致最後是非黑白反倒成了辯不盡、道不明的「自由心證」，這才是造成迷信的最主要因素。

去牽鹿。

有一個人到野外去砍柴，經過一片沼澤地的時候，意外獵到一隻鹿。他非常高興，但沒有立即把鹿帶回家去，而是找了棵樹，將鹿拴在樹旁，打算忙完了之後再去牽鹿。

碰巧，有十多輛商人的馬車從這片沼澤地經過。車上的人看見樹旁拴著一隻鹿，周圍一個人也沒有，於是便把鹿牽走了。沒走多遠，這些人對於自己不勞而獲有點不安，就從車上拿了一條準備在路上吃的乾鹹魚放在拴鹿的地方當作補償，然後心安理得地離開了這個地方。

過了半晌，砍柴的人來取他拴著的那頭鹿時，發現樹旁的鹿不見了，卻有一大條乾鹹魚放在拴鹿的地方。

他覺得太奇怪了，看看四周，不見一個人影，那乾鹹魚是從哪裡來的呢？就算是從附近湖塘中蹦出來的魚，也應該是鮮魚呀！憑空冒出一條乾鹹魚來，不是神蹟又是什麼呢？

想到這裡，這人恭恭敬敬地抱起乾鹹魚回家去了。

回家後，這人把這事告訴妻子和左鄰右舍，他們聽後都覺得很奇怪。

很快地，這件事便傳開了，而且人們越說越神奇，到後來竟然引來了許多前來祈禱的人。他們到沼澤地裡的小樹邊祈福消禍、治病驅邪，許多人的祈求竟然也靈驗了。

這樣一來，人們對這乾鹹魚的神蹟傳說更是深信不疑。於是，大家湊錢為乾鹹魚建了一座廟，將乾鹹魚供奉在裡面，還在廟裡設了多達幾十人的專職祝巫，並為乾鹹魚起了一個「鮑君神」的尊號。

從此，「鮑君神」廟內神帳高掛，鐘鼓齊鳴，香火不斷，信徒絡繹不絕地從百里外趕來朝聖。

好幾年過去了，一天，一支經商的車隊路過這裡，當年放乾鹹魚的人也坐在車上。當他經過廟前的時候，看了這熱鬧的場面和廟門高懸的「鮑君神」匾額，感到十分奇怪，便下車向人打聽原因。

有人向他講了這座廟宇和「鮑君神」的來歷，他不禁大聲說道：「這是我的魚，是我幾年前親手拴在一棵樹上的，哪是什麼鮑君神呢？」接著，他走進廟內，上前將乾鹹魚取下，然後頭也不回地走了。

廟裡的祝巫和那些信徒被弄得哭笑不得，十分尷尬。從此以後，再也無人來朝拜這個「鮑君神」，漸漸地，廟的四周長滿了野草。又過了一些時候，這座廟也倒塌了。

在這個故事裡，還好最後那位掛鹹魚的商人多年後回到現場，並將事情揭露出來，這才停止了這齣烏龍戲碼繼續上演。

可是，世事未必總是如此，我們有充分的理由相信，世上一定有許許多多像鮑君神廟這樣的地方，以及這樣的事情存留下來，即使一開始是建立在巧合甚至謊言之上，時間一長，誰還說得清楚？誰還記得清楚？

再換一個角度來說，就是因爲人們不求甚解，一廂情願地相信一些神棍、騙子的話，才會到了科學昌明的現在，仍有許多人上當，付出金錢與心力，去膜拜一些根本不存在的偶像，而獲利的卻又是誰呢？

更進一步說，現代社會中向錢看齊的媒體、唯利是圖的巨大企業、信口雌黃的政治人物，不也都聯合操弄著我們的信任與判斷力嗎？

如果不能獨立思考，只是人云亦云地跟隨著他人起舞，我們又比故事中鮑君神廟裡的信徒與祝巫聰明多少呢？

及時雨才能解燃眉之急

或許對方需要的不是一筆很大的數目，也不是要全心全意的關懷，只要我們願意付出一點點，就足以讓他們脫離困境。

古人口中的人生幾大樂事，包括久旱逢甘霖、他鄉遇故知、洞房花燭夜、金榜題名時，每一件都是讓人打從心底開心的喜事。

其中「久旱逢甘霖」排在第一個，它爲什麼那麼值得興奮呢？應該就是因爲它「及時來到」的可貴性吧！

莊子家已經窮到無米可煮的地步了，無奈之下，莊子只好硬著頭皮到管理河道的官吏家去借糧。

這官吏見莊子登門求助，十分爽快地答應借糧給莊子，只是他說：「可以，待我收到租稅後，馬上借你三百兩銀子。」

莊子聽罷，對他說：「我昨天趕路到府上來時，半路突然聽到呼救聲。環顧四周不見人影，再仔細一瞧，原來在乾涸的車轍裡躺著一條鯽魚。」

莊子嘆了口氣，接著說：「牠見到我，就像遇見救星似地向我求救。據稱，這條鯽魚原本住在東海，不幸淪落車轍裡，無力自救，眼看快要乾死了，請求路人給點水，救救性命。」

官吏聽了，忙問莊子是否給了水救鯽魚一命？

莊子白了他一眼，冷冷地說：「我說可以，等我到了南方之後，就去勸吳王和越王把西江的水引到你這兒來，這樣就可以把你接回東海了！」

這官吏聽傻了，認爲莊子的救助方法十分荒唐，「那怎麼行呢？等到水來時，牠早已經死了。」

「是啊，鯽魚聽了我的主意，當下氣得睜大了眼說：『雖然眼下缺水，使我沒有安身之處，但實際上只需幾桶水就能幫我解困，但你說要引水來全是空話而已，等你把水引來，我早就成了市場上的魚乾了！』」

那名官吏後來究竟有沒有借糧給莊子，我們不得而知，但可以肯定的是，聽了這個比喻，他應該不好意思再跟莊子說過一陣子再借了吧。

其實，即使時至今日，我們也常聽到這樣的敷衍之詞，這些話聽起來可能漂亮動聽，就像莊子說要引西江的水一樣冠冕堂皇，但它的實用性卻是零，因爲對於解決火燒屁股的急迫之事，一點幫助也沒有。

當他人需要我們伸出援手的時候，我們可能會跟自己說：「嗯，雖然我很想幫忙，但我自己現在的經濟情況也不是很好，等我再充裕一點……」

或者當他人需要的不是金錢或勞力，而是愛與關懷的時候，我們也會這麼想：「唉，我自己現在都自顧不暇了，哪還有心力去關心別人呢？等我自己的狀況好些時再說吧。」

可是，就像困在乾涸的車轍裡的魚一樣，或許對方需要的不是一筆很大的數目，也不是要全心全意的關懷，只要我們願意付出一點點，就足以讓他們脫離困境。

可是在這個時候，我們不但做不了及時雨，還向他們說：「等我……之後，一定會……來幫助你！」像這樣的空話，就算說了再多，也比不上現在就付出一點點關懷與協助啊！

有好的糧食才能養成良馬

我們應該多方嘗試，尋找出適合自己的「心靈糧食」，無論如何，我們都不應該放棄讓自己的心靈更充實、更完滿的機會。

人的天分與稟賦是上天給我們的禮物，可能有多有少、有高有低，而且每個人擅長的領域也各有不同。

只是，一個人最後的成就，究竟是先天能力決定的？還是靠後天努力的呢？兩者哪個比較重要呢？

岳飛是位智勇雙全的大將軍，久經沙場、英勇善戰，當然對坐騎很重視也很了解，什麼樣的馬是好馬，什麼樣的馬不好，他一看便知。

有一次，宋高宗和岳飛談起馬來，問道：「你認爲什麼樣的馬是好馬？良馬和劣馬的區別是什麼呢？」

岳飛想了想說：「我以前有兩匹坐騎，都是上好的馬。」

宋高宗問：「何以見得？」

岳飛說：「那兩匹馬的食量都很大，每天要餵幾擔草料，外加幾升豆子，還要選擇上好的精緻飼料，稍微差一點便不吃。除此之外，那兩匹馬喝的水也很講究，不清潔的泉水不喝。每次遛馬，先要給牠們配戴好馬鞍，然後放開轠繩，任牠們撒開四蹄，四處奔跑。起初牠們跑得並不快，但跑了百尺之後，會開始加速，越跑越快，三個時辰就能跑二百多里。長途奔跑之後，牠們顯得毫無疲勞之感，既不出汗，也不會氣喘，這就是好馬。」

宋高宗又問：「那麼不好的馬又怎樣呢？」

「不好的馬食量要小很多，就比如我現在的坐騎，每天只吃幾斤糧就足夠了，牠對食物的優劣、飲用水的質量都沒有什麼特別的要求。每次遛馬時，一騎上便能感覺這匹馬毫無精神，韁繩還沒放開，就懶洋洋地跑起來。跑不了幾十里，就氣喘吁吁，滿身大汗，一副疲憊不堪的樣子，這樣的馬當然算不上好馬。」

高宗說：「看來馬的好壞跟先天素質與飲食有很大的關係。」

岳飛道：「是的，好馬在飲食上要求多，而且食量很大，因此能有足夠的能量抵禦疲勞，有耐力、有後勁。至於劣質的馬吃不下很多飼料，身體素質就差，跑不了多遠就疲勞不堪。如同人一樣，裝進頭腦裡的知識越多，人就越有智慧，越聰明。」

良馬需要更多、更精緻的飼料轉化成能量，同樣的，我們也要留意自己對智慧與知識的攝取，爲自己提供足夠的心靈糧食。

天賦如何是上天給予的，但是後天的努力與培育，才是決定自己才幹與內涵的關鍵，更是能否獲得成功的決定性因素。

如果給的飼料不足，品質又差，那麼即使是天生的良馬，能力也會受到極大的限制，變得跟普通馬甚至劣馬相同，這豈不是白白浪費了嗎？

如果我們不懂得培養自己的知識與智慧，不懂得爲自己補充更多心靈的食糧，那麼才能的種子也很難開花結果。

我們應該多方嘗試，尋找出適合自己的「心靈糧食」。

有些知識存在於書本上，有些則否；有些需要我們用心去體會、去感覺，有些則必須經過一番沉澱與思考後才能得到。但無論如何，我們都必須去尋找，不應該放棄讓自己心靈更充實、更完滿的機會。

嫉妒惡果易使人失去自我

如果別人擁有我們所沒有的東西，有什麼好怨的呢？只有對自己沒有自信的人，才會總是嫉妒「人有我無」。

嫉妒，是人類的七原罪之一，常常伴隨著愛與恨一起出現。

當我們得不到自己想要的事物，或是當我們所愛的人將他的愛分給別人時，這種情緒就會出現。它讓我們憤怒、不平，它使我們的心被負面的感情佔據，甚至因此扭曲變形。

有一對夫婦心胸都很狹窄，總愛爲一點小事爭吵不休。有一天，妻子做了幾樣好菜，心想如果再來點酒助興就更好了，於是就到葡萄酒缸取酒。

妻子探頭朝缸裡一看，瞧見了葡萄酒中倒映出自己的影子。但她並未細看，一見缸中有個女人，就以爲丈夫對自己不忠，偷偷把女人帶回家藏在缸裡。

嫉妒和憤怒一下子沖昏了她的腦袋，只見她大聲喊著：「喂，你這個混蛋死鬼，竟然敢瞞著我偷偷把別的女人藏在缸裡面。你快過來看看，看你還有什麼話可說！」

丈夫聽得糊裡糊塗的，不知道發生了什麼事情，趕緊跑過來往缸裡瞧，但他看見的自然是自己的影子。

他一見是個男人，也不由分說地罵起來，「妳這個壞婆娘，明明是妳帶了別的男人回家，暗地裡把他藏在酒缸裡面，反而誣陷我，妳到底安的是什麼心！」

「好哇，你竟然這樣說！」妻子又探頭往缸裡看，看見還是先前的那個女人，以爲是丈夫故意戲弄她，不由得勃然大怒，指著丈夫說：「你以爲我是什麼人，是任憑你哄騙的嗎？你，你太對不起我了……」

妻子越罵越氣，舉起手中的水瓢就往丈夫扔過去。

丈夫側身一閃躲開了，見妻子不僅無理取鬧還打自己，也不甘示弱地還了妻子一個耳光。

這下可不得了，兩人打成一團，又扯又咬，簡直鬧得不可開交，最後鬧到了官府。官老爺聽完夫妻二人的話，心裡頓時明白了大半，就吩咐手下把酒缸打破。

一個衙役掄起大鎚，一鎚下去，葡萄酒從被砸破的大洞流了出來。不一會兒，葡萄酒流光了，缸裡一條人影也沒有。

夫妻二人這才明白，他們嫉妒的只不過是自己的影子而已，心中很羞慚，互相道歉之後便和好如初了。

嫉妒會蒙蔽人的理智，會損害人的判斷力，因爲當我們憤怒、不平或心中充滿嫉妒時，很難再對事情做出正確的觀察與判斷，因而會進一步在憤恨中做出令自己後悔不已的決定或行爲。

我們應該都曾體會過這樣的情緒，就像這對夫妻一樣，將實際上並不存在的對象當做嫉妒的目標，爲了一些捕風捉影的猜忌傷害了自己與對方。

人都有七情六欲，也難免會有一些人性上的缺點，而嫉妒這種負面情感也是其中的一項。因為對於金錢、名利、愛情等事物的執迷，我們會產生「人有我也應有」、「我獨有者人不能有」之類的想法，進而使負面情緒蒙蔽我們的理智。

放寬心胸吧！如果別人擁有我們所沒有的東西，有什麼好怨的呢？只有對自己沒有自信，對自己的好處與優點不了解的人，才會總是嫉妒「人有我無」。嫉妒對自己百害而無一利，我們可千萬要以這對夫妻為借鏡。

道德的教化比法律更具力量

在法律之外，還有道德的約束，除了將犯了過錯的人當做犯罪者來看待，還有其他的思考方式比報復與賠償更具意義。

如果有一個人犯了罪，應該怎麼處置他？

「法律」是我們最常想到的制裁方式，依法行事似乎也是最爲公平可靠的辦法。不過，法律它雖然力求公正公平，但卻是一種「外力的規範」，如果要讓人從內心改變，就需要用另一方面的力量。

東漢時期有個叫陳寔的人，是個飽學之士，品行端正、道德高潔，因此鄰近的人都非常敬重他。

陳寔不僅做到自覺自律，對兒孫們的要求也相當嚴格，常常抓住各種場合和機會教育他們，而且他很注意教育方法，所以總能收到良好的效果。

有一年洪水氾濫，淹沒了大片村莊和良田，成千上萬的人無家可歸，流離失所。也因爲這樣，盜賊四處橫行，天下很不平靜。

一天夜裡，有個小偷溜進了陳寔家裡，剛準備動手偷東西，忽然聽得幾聲咳嗽，似乎是有人來了。慌亂間，小偷一時找不到妥善的藏身之處，於是急中生智，順著屋內的柱子爬到大樑上伏下身子。

陳寔提著燈從裡屋出來拿點東西，偶然間一抬頭，瞥見了樑上的一片衣襟，心裡馬上明白家裡有賊。

他一點都不驚慌，也不趕緊喊人來抓小偷，而是從容不迫地把晚輩們全都叫起來，將他們召集到外屋，然後十分嚴肅地說道：「孩子們，品德高尚是我們爲人的根本，任何情況下，都應該對自己懷著高標準以及嚴格的要求，不能因爲任何藉口而放縱自己走上歪路。有些壞人並不是天生就壞，而是因爲不能嚴格要求自己，慢慢養成了不好的習慣，後來想改都改不過來，這才淪為壞人。比如家裡樑上的那位君子就是這種情況。我們可不能因為一時的貧困而丟掉志氣、自甘墮落啊！」

聽了陳寔的一番教誨，樑上的小偷吃了一驚，這才知原來自己早就被發現了。小偷羞愧難當，就翻身爬下樑來，向陳寔磕頭請罪說：「您說得太好了，我知道自己錯了，以後再也不幹這種勾當，求您寬恕我吧。」

陳寔和藹地回答道：「看你的樣子也不像是個壞人，必定是被貧窮所逼的吧。只要好好反省，要改還來得及。」說完，他吩咐家人取幾匹白絹送給小偷。

小偷感激涕零，千恩萬謝地走了，從此以後改邪歸正，雖然日子過得辛苦，卻再也不敢動歪念頭。

在這個人吃人的現代社會，像陳寔這樣的行為，可能會被某些人譏笑為鄉愿。但現代法律主要的功用是懲罰，如果什麼都依法來處理，以「控告」及「賠償」做為對犯罪者的警告，人與人之間的對抗情緒只會節節升高，對於整體社會風氣以及人與人之間關係的改善未必有用。

在法律之外，還有義理、道德等等的教化與約束，如果我們願意，除了將犯了過錯的人當做犯罪者、惡人來看待之外，其實還有許多其他的處理方式比報復與賠償更具意義。仔細想想他爲什麼犯罪？是否因爲有困難？如果能解決這些困難，是不是就不會再犯罪了呢？

像陳寔這樣，與人樹敵不如與人爲友，不但能得到對方的尊重，更幫助了一條受困的生命。

尤其面對一些心智年齡尚未成熟的人，用憎恨與嚴峻的法律對待他們之前，或許可以思考一下，什麼才是最適合的解決方法。

失去，也是一種必然的人生經驗

人生無常，在「得到」與「失去」之間，常常無法盡如人意。若不能學著好好接受「失去」，就無法用積極的態度面對一切。

你曾經「失去」過什麼嗎？

「失去」的感覺如何？是否很後悔、很不甘心、很難過、很不平衡？

失去是一種必然的人生經驗，作家卡夫卡在《日記》中提醒我們：「不必失望！恰恰在似乎一切都失去的時候，會友新的力量繼續給你支助。」

有一天，宋國人澄子發現他有一件黑布做的上衣不見了，可是想來想去，又實在想不起來自己把衣服丟在哪裡。

那件黑布上衣是他最喜愛的一件衣服，一想到自己心愛的上衣不見了，他非常著急，馬上就順著曾經走過的道路去尋找，希望能夠找到那件上衣。

他一路上邊跑邊找，跑得汗流浹背，找得心焦氣躁，可惜的是，根本沒看見那件黑上衣的蹤影。

慢慢地，澄子丟失財物的心痛和惋惜漸漸化爲氣憤和惱怒。他一邊走一邊琢磨，想著無論如何也要找到辦法來補救丟失一件上衣的損失。

想著想著，迎面走來一位婦人，身上恰巧穿著一件黑色的上衣。

澄子看到這位身穿黑色上衣的婦人，就不由分說地將她一把抓住，一面拉扯那婦人的衣裳，一面狠狠地說道：「啊！剛才我丟失的黑衣原來在妳這裡！終於找到了！終於找到了！」

那位婦人怎麼也想不到，光天化日之下竟會遇到攔路行兇的事，被這突如其來的禍事嚇壞了。她急忙護著自己的衣服，對澄子解釋道：「這件衣裳怎麼會是你的呢？這件上衣是我親手紡的線、織的布，親手剪裁、縫製做成的，它的長短、大小正合我的身材。雖然你丟的也是一件黑衣，但是並非我這一件呀！你怎麼能搶奪我身上的衣服呢？」

那位婦人的聲音顯得有些柔弱和哀憐，話中的一字一句使澄子心裡怔了一下。

澄子心想如果把一個婦人的衣裳說成是自己的，強行扒下來後自己卻穿不上，豈不讓別人笑話嗎？

但是，他並沒有就此罷休，反而立刻轉移話題，氣勢洶洶地對那位婦人說：「我丟的是一件裡衣，而妳身上穿的這件是單衣。現在妳用一件單衣抵我一件裡衣，難道妳還不覺得佔了便宜嗎？」

這位宋國人在失去自己的黑衣之後，內心的情緒由心痛和惋惜，漸漸化爲一股氣憤和惱怒，一定會想：「爲什麼這種倒楣的事會降臨在我身上？爲什麼會是我？爲什麼不是別人？」

接著，因爲想要尋求補償的心態，心裡便想，「無論如何也要找到一種辦法來補救遺失一件上衣的損失」。然後，他的行爲就漸漸失去理性的控制，到最後不但想搶奪他人的衣服，還強詞奪理，非要將他的「失去」化爲另一個人的「失去」才願意罷休。

這就是沒有辦法接受「失去」的人，面對這種打擊時展現出來的反應。人生無常，在「得到」與「失去」之間，常常無法盡如人意。我們若不能學著好好接受「失去」，就無法用健康而積極的態度來面對一切，也就會怨天尤人、憤憤不平地生活著，最終難免會被負面的情緒吞噬。

以為高人一等，無法讓人賣命

如果領導者不以高標準要求自己，不與其他人一起胼手胝足，那麼這個團體的成員又怎麼能不生二心？

試想與一群人一起做一番事業，什麼事情是最重要的呢？

答案是，彼此間不分你我高下、不論身分貴賤，一起攜手合作，同甘共苦，同心奮鬥。

那麼，何謂同甘共苦？先來看看田單的例子。

田單是齊國大將軍，有一次，要率領部隊去攻打狄國。臨行前，他向魯仲連請教對這次戰爭的看法。

田單問魯仲連：「我準備帶兵攻打狄國，先生認為此行結果會如何？」

魯仲連搖搖頭說：「恕我直言，此次出擊，不會順利。」

田單聽到此話，雖然心中不快，卻依然心平氣和地問：「此話怎講？」

魯仲連說：「將軍此次一定不能攻克城池。」

田單反問：「上次即墨攻防戰，我用的都是一些老弱殘兵，尚且能打敗千軍萬馬的燕國，收復齊國的失地。這一次只攻打如此小的一個狄國有什麼難的呢？」說完，也不向魯仲連告辭就拂袖而去。

後來，田單率兵出發攻打狄國，但一連苦戰了三個多月，誰贏誰輸仍然不見分曉。此時，田單的隊伍已經人困馬乏、精神萎靡、士氣低落。

有一天，田單坐在軍帳內，心中無比煩悶。

他越想越坐立不安，最後決定還是去請教一下魯仲連。

田單想起當初魯仲連曾說過自己一定攻不下狄國的先見，心裡對魯仲連明確的判斷驚異不已。

因此，他誠心誠意地問魯仲連：「先生，請原諒我上次的無禮，您的預言果然不錯，出征直到現在有三個月了，我軍還是無法獲勝，請指點這究竟是爲什麼？」

魯仲連說：「防專即墨大敗燕軍，是爲收復家園而背水一戰，你和士兵們都士氣高昂。此次出征卻已不同以往，你現在金錢封地樣樣俱全，已經習慣當個高高在上的大將軍，又如何激發全軍士氣呢？」

田單聽了魯仲連的話心服口服，回到軍營後馬上改變作風，和士兵同甘共苦，鼓舞士兵士氣，果然很快就攻下了城池，打敗狄國。

如果有一群人準備共創一番事業，不論是合資經營、研究、調查或是創作，只要這件事是必須要以「團體」的形式進行，那麼所有成員就要有同甘共苦的決心。若是有人自外於團體，享受其他人無法享受的特權和待遇，又憑什麼要求其他人賣命呢？

如果領導者不以高標準要求自己，不與其他人一起胼手胝足，這個團體的成員又怎麼能不生二心？即使被迫合作，也一定會非常不情願吧。

田單是一個非常有領導才能的人，精明如他，同樣會犯下這種錯誤。他以爲有了前一次的成功經驗，這次一定也必然是勝券在握，因而失去了先前那種上下一心，共同爲收復家園而背水一戰的決心。

我們不得不說，權力的變化使人傲慢、使人腐化，更會由根部腐蝕一個本來團結一心的群體。如果必須進行團體協力的工作，便要特別留心收斂這種高高在上的態度。

09

放鬆心情，讓腦袋更有彈性

我們應該給自己的頭腦更多新的刺激，
讓它更靈活、更有彈性，
而不是用過去的思維模式將自己綁住。

在平凡中看見精采

我們總是對平凡無奇的東西興趣缺缺。但是，真正紮實、豐厚的學問與思想，甚至是生活的態度，都必須根植於平凡的事物上。

社會上，總會有一批特立獨行，自認爲與衆不同的人，習慣誇誇其談，以新奇特異的思想自我標榜，吸引衆人的目光。

你是否曾經羨慕過這樣的人？或曾經被這樣的言談吸引過？

戰國時代，齊王對繪畫產生了興趣，於是請來了一位著名的畫家，希望畫家能作出好畫供他欣賞，而且經常沒事的時候就跑去看畫家作畫。

這一天，齊王處理完朝政，就到了畫室，看看畫家又有什麼新作。

畫室裡面擺滿了最新創作的畫，人物畫栩栩如生，花鳥畫唯妙唯肖，山水畫更是氣勢磅礡。

齊王見畫家技藝高明，畫什麼像什麼，就問道：「先生畫什麼都是那麼唯妙唯肖，那麼你覺得畫物有沒有難易的區分呢？」

畫家仔細想了一下，回答說：「依敝人之見，作畫應有難易區分。」

齊王又問：「喔，如此說來先生認爲畫什麼最難呢？」

畫家說：「依我的經驗來說，畫狗、馬之類的最難了。」

齊王又接著問道：「那畫什麼最容易呢？」

「畫鬼最容易了。」畫家回答說。

齊王聽了以後，感到非常奇怪，百思不得其解，就問畫家：「先生的話把我搞糊塗了。在我看來，所謂狗、馬之類的事物，我們都見過，應該很好畫才是，而鬼怪誰都沒有見過，怎麼去畫呢？應是鬼怪要難畫一些，爲何先生的觀點與我相反呢？」

畫家笑笑說：「大王有所不知，在常人看來是這樣的，可是對於畫家來說卻正好相反。作畫的難易並不在於是否見過和知道怎麼畫，而在於畫得像不像。正因爲狗和馬一類的動物是人們最常見的，人們都對牠們很熟悉，了解牠們的模樣，一旦畫家畫了出來，人們就會對照看到過的狗和馬，稍有細微的不像，人們也能發覺，所以狗和馬一類的動物最難畫了。」

畫家接著說：「至於那些鬼怪之類的事物，人們沒有見過，根本就沒有什麼具體的形態，想怎麼畫就怎麼畫。不會有人對照鬼怪來指責你畫得到底像不像，當然畫起來就容易多了啊！」

畫鬼最容易，畫常見的狗跟馬反而最難。這句話乍聽之下令人不解，但仔細思索玩味之後，卻可發現其中的道理。

我們的目光總是聚集在那些新奇、特異的事物與說法上，而對平凡無奇的東西興趣缺缺。但是，眞正紮實、豐厚的學問與思想，甚至是生活的態度，都必須根植於這些平凡的事物上。若非如此，就好像是空中樓閣，建立在極端脆弱的基礎上，經不起實際的檢驗與考據。

金庸的小說中有一段敘述，非常擅長烹煮好菜的黃蓉，以各種色香味俱全的菜色讓人驚訝不已，大家都在想，都已經做到這個地步，那下一步還能怎麼樣更精進呢？黃蓉說，再來她要做的，是像白菜、豆腐等等的家常菜色，因爲在這些最平常的菜裡，才能得見她眞正的料理功夫。

人生的道理也是一樣，不必去羨慕那些特立獨行、與衆不同的人生，應該回頭看看自己的身邊，看看那些能將最平凡的生活過得最有樂趣、最精采的人，他們才是眞正懂得生活、懂得生命的智者！

放鬆心情，讓腦袋更有彈性

我們應該給自己的頭腦更多新的刺激，讓它更靈活、更有彈性，而不是用過去的思維模式將自己綁住。

有句話說「條條大路通羅馬」，只要我們想得到、行得通，要做成一件事情的方法絕對不止一、兩種，而是會有幾千種的可能性。

就像通往羅馬的大道一樣，每一條都能到達目的地，又何必執著於其中的一種方式呢？

鄭國有一個人，生活在偏遠的鄉下，在村子裡是有名的迂腐成習的人。一天，他看到自己腳上的鞋子壞了，已經露出了腳趾，鞋幫和鞋底也很破舊了，打算去集市買一雙新的鞋子。

出發之前，他想著：「我家離城裡有好幾十里的路呢，萬一我買回來的鞋子不合腳，那可要怎麼辦才好啊！回去換的話，還要再走很長的路，那樣多不方便！我得想一個好主意，省得再走冤枉路。」

鄭國人想了一會，終於有了辦法。他在家裡找了一把尺，把自己的腳長短寬都仔細地量了又量，然後把尺碼記在自己平時記帳的本子上面，心滿意足地對自己說：「有了我記下來的這個尺碼，就不怕買的鞋不合腳了，我可以好好比照這個尺碼買雙舒服的鞋子！」接著，他把記有尺碼的本子放在枕頭下面，準備第二天一早就去城裡買鞋。

次日一早，他快走慢走，走了一二十里地才來到集市。集市上眞是熱鬧極了，人群熙熙攘攘，各種各樣的小商品擺滿了櫃台，眞可謂琳琅滿目。

這個鄭國人逕自走到鞋舖前，見到裡面有各式各樣的鞋子，於是請掌櫃的拿了幾雙鞋，左挑右選，最後選中了一雙自己覺得滿意的鞋子。這雙鞋子樣式不錯，品質也是上乘，掌櫃報的價格也很公道，所以，他準備買下來。可是，正當他準備拿出自己事先記下來的尺碼，來比一比新鞋的大小的時候，才發現尺碼竟然忘在枕頭底下沒有帶來。

他用手拍了一下腦門，懊惱地說：「唉呀！我眞糊塗了，怎麼忘記帶尺碼本了呢？多跑了一趟冤枉路！」

於是，他放下鞋子趕緊回家去。一路上跑得氣喘吁吁的，汗水把衣服都浸濕了。回到家裡，從枕頭底下拿了尺碼，又急急忙忙趕往集市，儘管他全力趕路，還是花了差不多兩個時辰。

等他到了集市，太陽都快下山了，集市上的小販都收了攤，來到鞋舖，鞋舖也關門了。

他鞋沒買成，低頭瞧瞧自己腳上，原先那個鞋的窟窿又更大了。

這時，有個人路過鞋舖，看見他垂頭喪氣的樣子就問他發生了什麼事情，他把自己忘記拿尺碼的事情講了一遍，那人聽了以後，不怎麼明白，就問他：「你是幫誰買鞋？」

鄭國人說：「當然是我自己了。」

那人哈哈大笑起來，笑得眼淚都快掉出來了，說道：「你自己買鞋，用腳試一下不就行了嗎？還要跑回去拿什麼尺碼呢？」

鄭人聽了，又羞又怒，滿面通紅地回答：「那可不成，量的尺碼才可靠，我的腳是不可靠的。我寧可相信尺碼，也不相信自己的腳。」

這位買鞋的鄭人，頭腦實在太過不知變通，買鞋用自己的腳去感受才是最準確的，他卻一心只想著那本記錄了尺碼的本子，讓自己白走了好多冤枉路。爲什麼這麼簡單的道理會想不通呢？

不過，像這樣固執到近乎迂腐的人，我們應該也曾經見過，明明有更快、更好的方法來做一件事，但他們卻常常堅持己見，非要用自己的老辦法不可。這個辦法也許在過去還不失爲一條妙策，可是一成不變地因循下去，最後卻成了最沒有效率、最不符合經濟效益的一種方式。

時代在變，人思考的方式在變，每天有那麼多嶄新的知識、發明出現，處理事情的方法當然也得跟著日新月異。

我們應該給自己的頭腦更多新的刺激，讓它更靈活、更有彈性，而不是用過去的思維模式將自己綁住，否則只會使自己陷入困境。

看一看，想一想，那些我們已經視爲理所當然的種種做事模式，還有沒有更好、更省力的方法來取代它們呢？

誇張的外在一點都不實在

即使他們說的未必是真的，但是在華麗動人的辭藻與外盒後面，還會有多少人在意它是否名實相符？

在這個商業掛帥的年頭，所有的商品都經過商人精心的包裝，眼睛所見，在商店陳列著的各式各樣產品，無一不爭奇鬥艷地以各種精美的包裝企圖爭取我們的目光。有形的東西如此，連無形的事物也是這樣，舉凡音樂、藝術，甚至是思想、理念等等莫不如是。

身爲消費者的我們，是否只能被動地接受這些宣傳？吸引我們的，究竟是外在的包裝，或是在包裝底下的內容物？

楚國有一個商人專門做珠寶生意，經常帶著珠寶到鄭國去賣。

有一天，他得到一顆漂亮的珠寶，打算把這顆珍珠拿到鄭國去賣個好價錢。爲了吸引更多的顧客，他動了不少腦筋，在珠寶的包裝上面下了許多功夫。他請來了技藝高超的工匠，選用名貴的木蘭爲珠寶做了一個盒子，工匠精雕細刻，做得十分精美。然後又用桂木和花椒等香料把盒子薰香，使顧客在很遠的地方就可以聞到芳香的氣味。

這還不夠，他還在木盒上鑲了珍珠寶石，再裝飾上名貴的玫瑰玉，盒子的四周還用綠翡翠鑲邊。看上去，閃閃發亮，實在是一件精緻美觀的工藝品。

商人很滿意，覺得有了高貴的包裝以後，珍珠自然也能賣個好價錢的。就這樣，楚人將珍珠小心翼翼地放進盒子裡，拿到市場上去賣。

盒子擺在貨架上面，眞是光彩奪目，芳香四溢。果然，店裡很快就來了許多的顧客。他們都拿著盒子仔細看，個個愛不釋手，邊看還邊發出「嘖嘖」的讚嘆聲。

商人心裡很高興，以爲他們會毫不猶豫地買下珠寶，可是顧客打開盒子看了看珠寶以後，又紛紛放下盒子走掉了。他們走到門口的時候，有不少人還戀戀不捨地回頭看那個盒子。

正當商人失望的時候，忽然聽到一個顧客對他說：「老闆，我用兩百兩銀子買你這個東西，你賣嗎？」

天哪，兩百兩銀子！商人心想這個顧客出的這個價格眞是個高價啊，一定要賣給他。想到這裡，商人趕緊把盛有珍珠的盒子扣上，將它遞給顧客，說道：「兩百兩銀子，我賣了！東西請您收好！」

鄭人付錢後，便拿著盒子往回走。可是沒走幾步又回來了。商人心想：「是不是這個顧客後悔剛才出了那麼高的價錢，現在要回來退貨？」

商人以爲鄭人後悔了要退貨，卻見鄭人將盒子裡的珍珠取出來交給商人說：「先生，您將一顆珍珠忘放在盒子裡了，我特意回來還珠子的。」

鄭人將珍珠交給了商人，然後低著頭一邊欣賞著木盒子，一邊往回走去。

商人拿著被退回的珍珠，十分尷尬地站在那裡，哭笑不得。

楚人眞正要賣的東西應該是珍珠，但是鄭人喜歡的卻是盒子，反而將珍珠退回去，這難怪會讓人哭笑不得了。

也許我們也該問問自己，是不是也像故事裡的這位鄭國人一樣，花了兩百兩銀子，買的不是裡面的珍珠，而是那漂亮的外盒？對我們而言，到底什麼才是有價值的？

也難怪那些大廠商們要花那麼多錢在電視廣告、文案與包裝上，目的沒有別的，就是無所不用其極地告訴顧客：「我們的東西最棒！最好！」誘惑消費者不自覺地花錢買下這個其實不怎麼需要的東西。

即使他們說的未必是眞的，但是在華麗動人的辭藻與外盒後面，還會有多少人在意它是否名實相符？

忽略小病，小心沒命

不要因為事情微不足道，而掉以輕心，一定能看見原本沒有注意到的細節，在事情變得難以收拾前先將它解決。

許多規模很大的事件，或很嚴重的災禍，在它們演變爲不可收拾之前，其實從很多小地方都可以看得出來種種徵兆。

我們能不能在它們發出這些微小、不容易被注意的徵兆的時候，就及時發現，及時加以處理？

如果不能在它還不顯著時盡快解決，到最後，可能就必須付出極大的努力與成本，甚至是犧牲。

戰國時期，齊國有一位名醫名叫扁鵲，醫術非常高明，曾經救人無數。各國宮廷得知了扁鵲高超的醫術後，經常請他前去為君王治病。

有一天，扁鵲拜見蔡桓公以後，扁鵲仔細看了看蔡桓公的臉色然後說道：「我發現君王有病了，不過病才剛剛開始，只是在您的皮膚表面。您應及時治療，以防病情加重。」

蔡桓公不以為然地說：「我一點病也沒有，用不著什麼治療。」

扁鵲見蔡桓公不相信自己的話，就起身告辭了。扁鵲一走，蔡桓公就十分不高興地對身邊的人說：「你們看，我的身體這麼好，扁鵲還說我有病，簡直是在開玩笑。醫生就是這樣，總愛在沒有病的人身上顯能，以便把別人健康的身體說成是自己醫治好的。我才不信他這一套呢。」

十天以後，扁鵲又來拜見蔡桓公。他察看了蔡桓公的臉色之後說：「您的病已經深入到肌肉裡面去了，如果不趕緊治療，病情還會加重。」

蔡桓公仍舊不相信扁鵲的話，沒有搭理扁鵲。扁鵲沒有辦法，只好告辭出去。走了以後，蔡桓公大發雷霆，說道：「這個扁鵲眞是好大的膽子，我身體強壯得很，他卻說我病情加重，到底是何居心？」

扁鵲離開以後，心裡仍然記掛著蔡桓公的病情。十天之後，扁鵲第三次去見蔡桓公。他看了看蔡桓公，說道：「您的病已經發展到腸胃裡面去了，還是趕緊醫治吧，不然病情將會惡化。」

蔡桓公一聽見扁鵲說自己「病情惡化」，就更加氣憤了。

時間過得很快，十天後扁鵲第四次去見蔡桓公。蔡桓公聽說扁鵲又要來，心裡暗想：「我倒是看看這次扁鵲到底怎麼說我的病情。」沒有想到兩人剛一見面，扁鵲扭頭就走，這一下倒把蔡桓公搞糊塗了，心裡很納悶：「怎麼這次扁鵲不說我有病呢？」

蔡桓公越想越好奇，於是就派了一個臣子去找扁鵲，打算問問清楚。

扁鵲對派來的臣子說：「一開始蔡桓公患病只是在皮膚表面，用湯藥清洗很容易治癒；稍後他的病蔓延到了肌肉裡面，這時候需要用針灸治療；但是蔡桓公不願意治療，結果病情又到了腸胃，這時候要想治癒的話，服草藥湯劑還有療效。可不幸的是，目前他的病已入骨髓，人間醫術就無能爲力了。我若再說自己精通醫道，手到病除，必將招來禍害。」

果然，五天過後，蔡桓公渾身疼痛難忍，便主動要求找扁鵲來治病，但是，怎麼也找不到扁鵲，經過多方打聽才知道扁鵲已經逃往秦國去了。蔡桓公聽到這個消息的時候後悔莫及，但是事已至此，後悔也是無濟於事了。不久，蔡桓公就掙扎著在痛苦中死去。

蔡桓公只看得見、只感覺得到眼前的事物，對於一些微小的地方不加注意，甚至當名醫扁鵲對他的健康提出諍言時，還不當一回事，認爲扁鵲危言聳聽。這豈不是像極了我們當中大多數的人嗎？這些人總是抱著僥倖的心態，認爲禍事與災難不可能降臨到自己的頭上。

但是，要是到病入膏肓才注意到自己的身體出了大問題，就已經太遲了。

蔡桓公對自己的身體態度大意，不願相信醫生警示的後果，最後賠上了自己的性命。而我們呢？除了生病以外，在我們的經驗裡，一定也有些事情錯過了可以輕鬆處理的時機，不停地拖延，到最後卻要花上數倍的時間、精力甚至金錢，才能解決它們。

如果我們能更警醒、更勤奮一些，不要因爲事情微不足道，或是一時還看不見徵兆而掉以輕心，一定能看見許多原本看不見、沒有注意到的細節，進而在事情變得難以收拾之前就先將它解決。

越早預防，越早處理，往後必須花費的心力就越小，卻能收到極大的成效。事情再小，也不應當忽略，因爲，這可能是日後成敗的最大關鍵啊！

免費的午餐不是天天都有

不努力卻想有所收穫是不可能的事，如果人人都只想在樹幹旁邊等待自己一頭撞上的兔子，那麼可能人人都要餓死囉。

大概沒有人不喜歡「不勞而獲」這種好事吧？

許多人平常做夢都會想到金銀財寶從天而降，這種「天上掉下來的禮物」，當然是來者不拒，越多越好，難道不是嗎？

不過，像下面故事裡的這一位仁兄，該說他幸還是不幸呢？有一天他在工作的時候，老天爺真的就送了一份禮物給他……

戰國時期，宋國有一個農民，長年累月在田地裡辛勤耕作。每天早上天一亮就起床，扛著鋤頭往田裡走；傍晚太陽快落下了，才又扛著鋤頭回家。就這樣，他一直安分地過著清苦的生活。

有一天，他正在田地裡挖地，突然看見一隻野兔從草叢中竄出來。他正準備放下鋤頭去追捕，不料野兔見到有人而受了驚嚇，拚命地奔跑，沒注意到前方有一棵樹，直直衝了過去。

因爲跑得太快，來不及躲避，野兔就撞上樹折斷脖子死了。

農夫眞是喜出望外，趕忙放下手中的農活，走過去撿起死兔子。然後，就興高采烈地扛起鋤頭，提著兔子回家了，非常慶幸自己的好運氣。

晚上回到家，農夫把死兔交給妻子，對妻子說：「老婆，我今天的運氣眞的是太好了！白白讓我撿了一隻兔子！」

妻子還是不太明白，等農夫把白天的經過對妻子講了以後，妻子也很高興，馬上給農夫做了香噴噴的野兔肉，兩口子有說有笑地吃了起來。

兔子肉可是眞香啊！農夫一邊吃著兔子肉，一邊想：「天下竟然有這樣的好事，不用費一點力氣，就能白白撿到野兔子吃，我以前怎麼就不知道呢？以後我再也不必那麼辛苦種地，就等著撿兔子吃好了。」

第二天，農夫照舊到田地裡幹活，可是他不再像以往那麼專心了。他幹一會兒的活，就朝草叢裡瞄一瞄、聽一聽，希望再有一隻兔子竄出來撞上樹幹。就這樣，他心不在焉地做了一天的工作，該鋤的地也沒鋤完，直到天黑也沒見到有兔子出來，才很不甘心地回家了。

第三天，農夫來到田裡，已完全無心鋤地。他把農具放在一邊，自己坐在樹樁旁邊的田埂上，守著那棵樹，希望再有野兔撞死在樹下，可以輕而易舉地得到美味佳餚。可是，他又白白地等了一天。

後來，農夫每天就這樣守在樹樁邊，希望撿到兔子，然而始終沒有再得到。而田地裡的野草卻越長越高，到最後，莊稼全都荒蕪了，結果農夫的日子反而更加貧苦。

有了這樣的結果，這位農夫或許會怨恨老天，爲什麼偏要送一隻撞上樹的兔子給他？害他嚐到一次甜頭之後，就念念不忘那種不勞而獲的滋味，從此再也無心耕作了！可是偏偏這種好事又只有那麼一次，最後弄得他兩頭落空，日子更加艱難。

這能怪老天爺嗎？一次賞賜已經是祂的恩典了，人類卻那麼貪心，還妄想著要得到第二次、第三次……

不過，或許我們的天性裡本來就隱藏著喜歡不勞而獲的因子吧！誰不想做少少的事、領多多的薪水呀？

可是，眞的有那麼容易嗎？如果人人都想不勞而獲，誰來工作，誰來勞動，誰來讓我們整個世界持續運轉呢？

不努力卻想有所收穫是不可能的事，如果人人都只想在樹幹旁邊等待自己一頭撞上的兔子，那麼可能人人都要餓死囉。

厚植實力，才能發揮威力

多多累積自己的實力，譁眾取寵所能得到的掌聲只是一時的，唯有實力才是真正可長可久的依靠。

古人提到那些有眞正才學、有眞正實力的人，是這樣形容的：「十年磨一劍，厚積而薄發」。

這句話的意思是說，這些有才學的人並不會在學識只有半瓶水的時候就大叫大嚷、唯恐天下不知，他們會慢慢地累積自己的內在，謙虛地磨練自己的知識與才能，直到完滿成熟，才會展現出來。

楚莊王的故事無疑爲我們提供了一個良好的示範。

春秋五霸之一的楚莊王，在歷史上曾爲楚國的發展建立過顯赫的功業。可是在他登基的頭三年內，沒有發布過一項政令，在處理國家政事方面毫無建樹，終日不理朝政，每天不是出宮打獵遊玩，就是在後宮和妃子們晝夜遊戲，猜謎作樂。

並且，楚莊王不允許任何人勸諫，揚言膽敢進諫的，處以死刑。宮廷上下都十分著急，國家有這麼個愚頑的國君怎麼得了！

楚國有一個擔任軍政官職的人叫成公賈，看到天下大國爭霸的形勢對楚國很不利，而現在楚王又不理朝政，長期下去，國家命運岌岌可危。他想勸諫楚莊王放棄荒誕的生活，勵精圖治。然而，楚莊王有言在先，他不敢觸犯禁令直接進諫，絞盡腦汁又想不出使楚莊王清醒過來的辦法。

有一天，他看見楚莊王和妃子們一玩做猜謎語的遊戲，楚莊王十分高興。他靈機一動，決定用猜謎語的形式，對楚莊王暗示。於是，第二天，成公賈進宮晉見楚莊王，可是楚莊王一見到成公賈就說：「你知道，我是不准誰向我說什麼意見的，你現在爲什麼不怕死來進諫呢？」

成公賈答道：「我來見大王，不是向您進言的，只是想來跟大王一起解解悶，猜猜謎語。」

楚莊王說：「既然這樣，那你說個謎我猜。」

於是，成公賈對楚莊王說了一個謎語：「高山頂上有隻鳥，羽毛豐滿志氣高，棲在樹中三年整，既未展翅又不叫，這是爲什麼？」

楚莊王稍作思考，便胸有成竹地說：「這隻大鳥停在南方的大山上，整整三年沒有動，目的是在堅定自己的思想和意志；牠三年不飛，是在積蓄力量使自己羽翼豐滿；牠三年不叫，是在靜觀勢態，體察民情，醞釀聲威。這隻鳥儘管三年來一直沒飛，可是一旦展翅騰飛，必將衝天直上；儘管牠三年來一直不鳴，可是一旦鳴叫起來，必定會聲振四方。成公賈先生，你放心吧，你的用意，我已經猜中了。」

成公賈驚喜地點點頭，欣然離去。

第二天，楚莊王上朝處理國事。他根據三年來的明察暗訪、調查研究和對大臣們政績的考察情況，提拔了五位忠誠能幹的大臣，罷免了十個奸詐無能的小人。楚莊王的決定和處事的魄力，使文武百官大為佩服，因此大家都十分高興，楚國的老百姓也都奔走相告，慶幸有了一位賢君。

不久，國內政局好轉，楚莊王發兵討伐齊國，在徐州戰敗了齊國；不久又出兵討伐晉國，同樣也取得了勝利。最後，在宋國召集諸侯國開會，楚國取代了齊、晉兩國，成為天下諸侯的霸主。

楚莊王並不是真的昏君，他只是在靜觀態勢、累聚實力，等到劍出鞘之時，招招準確、招招致命，的確是如他所說的「一鳴驚人」。

不過，很少人有像他那樣的魄力與耐心，在這個年頭，功夫都還沒有學齊就出來招搖現世的人太多了，半調子的人冒充專業的情況也屢見不鮮，結果造成社會上外行充內行、劣幣驅逐良幣的事越來越多。

不要因為他人不知道我們的才能而憂愁，而是應該反省自己，是否沒有充實的眞才實學足夠爲人所知？

許多人不過是稍微懂得一些皮毛就非要表現出來不可，深怕自己的「能力」被埋沒了，看在其他人的眼裡，恐怕更顯出自己的不足。

與其擔心別人不知道我們的才能，還不如多多累積自己的實力，待時機成熟再好好發揮，不僅能更引人注目，對己也是一大成長。譁衆取寵所能得到的掌聲只是一時的，唯有實力才是眞正可長可久的依靠。

壞榜樣，小心孩子有樣學樣

「身教」正是要用身體力行的方式去實踐的教育，這比只有用嘴巴說來得困難多了，但是效果也會更為彰顯。

大家都說現在的小孩越來越精，越來越聰明，從小父母就讓他們學英語、數學和各種才藝，加上電視、網路等等傳播媒體的發達，一個個孩子口齒伶俐，像個小大人似的。

不過，現代的青少年問題卻也越來越嚴重，這些聰明而早熟的孩子，比他們的父母輩更早就明白了大人世界的黑暗與爾虞我詐。這不只是孩子的問題，更是整個社會的問題。

身爲家長或親人的我們，應該怎麼教育下一代才好呢？

孔子有個學生名叫曾參，德行很好，很受孔子的器重。

一個晴朗的早晨，曾參的妻子梳洗完畢，換上一身乾淨整潔的藍布新衣，準備去集市買一些東西。她出了家門沒走多遠，兒子就哭喊著從身後跟了上來，吵著鬧著要跟去。

妻子覺得集市離家太遠，帶著年幼的孩子很不方便，因此就對兒子說：「乖孩子，你在家等著媽媽，我買了東西一會兒就回來。你不是愛吃媽媽做的醬豬肉嗎？等我回來以後，殺了豬就給你做。」

這話還眞的挺管用呢！兒子一聽，立即不吵鬧著要跟媽媽一起去了，乖乖地望著媽媽一個人遠去。

曾參的妻子從集市回來時，還沒跨進家門就聽見院子裡傳來豬叫的聲音。她進門一看，原來是曾參和兒子一起到豬圈裡去捉豬，準備殺豬做好吃的東西。她急忙上前攔住丈夫，說道：「你這是幹什麼呢？」

曾參說：「妳不是跟兒子說回來就殺豬給他吃肉嗎？」

妻子一聽就笑了，說：「當時他在鬧，我是說著哄他的！家裡只養了這幾頭豬，都是逢年過節時才殺的，你怎麼把我哄孩子的話當眞呢？」

曾參說：「在小孩面前是不能撒謊的。他們年幼無知，經常從父母那裡學習知識，聽取教誨。如果我們現在說一些欺騙他的話，等於是教他以後去欺騙別人。雖然做母親的一時能哄得過孩子，但是過後他知道受了騙，就不會再相信媽媽的話。這樣一來，妳就很難再教育好自己的孩子了。」

曾參的妻子覺得丈夫的話很有道理，於是心悅誠服地幫助曾參殺豬去毛、剔骨切肉，沒過多久，就爲兒子做好了一頓豐盛的晚餐。

曾參「言出必行」的示範，爲許多現代的家長上了一課。

即使對方是小孩子，也不應該用哄騙的手段，因爲大人的一舉一動，正是兒童在人格形成與培養階段最重要的學習對象。所謂「言教不如身教」，「身教」正是要用身體力行的方式去實踐的教育，這比只有用嘴巴說來得困難多了，但是效果也會更爲彰顯。

試想，如果一位父親要教導他的孩子應該遵守交通規則以策安全，但同時自己不但闖紅燈、違規轉彎樣樣來，甚至還老是在禁止停車的地方停車，那麼他要如何說服小孩必須遵守交通規則呢？

同樣的，如果一位母親要教導她的孩子不可以說謊，卻常常說話不算話，甚至故意哄騙孩子，又如何能給小孩正確的「身教」呢？

孩子身上所展現的，不多不少正是大人世界的縮影。所謂「上樑不正下樑歪」，爲了自己，也爲了後代，各位父母與長輩們，請做個好榜樣吧！

勇敢發出不一樣的聲音

一個沒有直言者的地方，公義也就蕩然無存；當公義不存在，第一個被犧牲掉的，難道不是那些無權無勢的弱勢者嗎？

不知你是否也曾經有這樣的經驗：公司或學校開會，一切程序都按照規定進行，然而許多事情其實已經早就被主管內定，卻仍要開個會來假裝一番。

美其名爲「會議」，其實不過是要「宣布」某件事，要大家「同意」主事者的想法，或者讓大家列席背書罷了。

周靈王時代，周朝王室衰微，四方諸侯群起，其中以晉國最爲強大。

晉平公在位時，宮裡有一個樂官名叫師曠，眼睛雖然瞎了，但是耳朵卻異常靈敏，能夠辨別八方風聲的樂調。

有一次，晉平公花費很大的氣力，鑄了一口大鐘，命令樂工們仔細辨別鐘的聲音，看它是否調和。

這口鐘非常巨大，發出的聲音也不同凡響，極爲響亮！所有的樂工都被鐘聲震住了，齊聲說：「大王，聲音很悅耳，沒有不調和的地方。」

晉平公聽了非常滿意，不過就在此時，師曠卻站出來說：「稟大王，此鐘聲音雖大，卻不調和，需要重鑄。」

晉平公很不高興，不相信師曠的話，還降了他的職。

後來衛靈公帶了他的樂官師涓同來拜訪晉平公，晉平公想拿出那口大鐘來炫耀，便命人在衛靈公一行人面前敲響大鐘。衛靈公與師涓聽了鐘聲，也說鐘聲不調和，晉平公這才相信師曠的建言是對的。

由此可知，師曠的耳朵眞的是非常靈敏，能夠聽出一般人聽不出來的聲音。更難能可貴的是，他毫不畏懼地說出事實的眞相，不在乎獨排衆議必須承受的壓力。

這種情操當然是可貴的，尤其當其他所有的樂師都因爲鐘聲的巨大、晉平公好大喜功的心態而噤若寒蟬時，要說出自己所認定的「眞實」，是多麼不容易的事情！

有時候，主事者想聽的未必是事實，大家也就寧願乖乖配合著演戲，說些好聽的話。然而，如果在這樣近乎鄉愿又不負責任的過程中，所定案的卻是一條條攸關個人或團體權益的規定、條款或政策的時候，我們應該做那些唯唯諾諾的樂師，還是敢於表達不一樣聲音的人呢？

一個沒有人敢據實直言的地方，公義也就蕩然無存；當公義不存在的時候，第一個會被犧牲掉的，難道不是那些無權無勢的弱勢者嗎？當弱勢者都遭到不公平對待的時候，我們又豈能獨漏於外呢？

10

煩惱太多
只會影響正常生活

自己現在煩惱到睡不著的狀況，
是多麼的愚蠢！千萬別讓很久以後的事
或是不知道會不會發生的事影響了你的生活。

懂得謙虛，成就才能繼續

> 才能與天分本身並沒有貴賤之別，如果只能在極為窄小的領域裡，滿足於自己所認定的評判標準，這樣的生命是非常狹隘的。

社會上常常喜歡用職業與學歷等等外在的頭銜來評估一個人，如果一個人擁有豐富完整的學經歷，那麼我們對於他的能力也通常是肯定的。

如果一個人從事醫生、律師……等等行業，我們對於他們會自然而然生出一份敬重之情。

相反的，對於那些社會底層的行業，以及從事一般人眼中常常忽略重要性工作的人，我們卻始終沒有給予相對的尊重。

樹林裡，黑鴉鴉的一堆人，正圍著一個射箭手。

「咻！咻！咻！」連著三箭，都正中靶心，人群裡不斷爆出陣陣驚嘆聲，「真是厲害！」「簡直是天下無雙！」

聽到衆人的喝采聲，射箭手露出得意洋洋的神色。這個射箭的人名叫陳堯咨，箭射得又快又準，總引來一大群人圍觀。

這時，有個賣油翁挑著油擔子從這裡經過，聽到一群人連連拍手叫好，不由自主地放慢了腳步，停下來看看是怎麼回事。

陳堯咨繼續表演幾箭，每支箭都像施了魔法一般，直奔靶心而去，掌聲又響了起來，可是賣油翁卻沒有跟著鼓掌，只是點點頭，附帶著笑了幾下。

陳堯咨得意地看著衆人，發覺賣油翁並沒有對他的箭術報以喝采，心裡很不舒服，便走到賣油翁面前，趾高氣揚地說：「老頭，你懂射箭嗎？」

「哈哈，我只懂賣油，對箭術一竅不通。」

「喔！那麼像我這種箭無虛發的神箭手，你一定是第一次看到吧？」

「這不算什麼，只不過是熟能生巧罷了。」賣油翁面無表情地說。

陳堯咨被潑了一盆冷水非常生氣，指著賣油翁的鼻子說：「你這老頭不過是個外行人，憑什麼批評我的箭術？」

賣油翁笑笑說：「我雖然不會射箭，但倒是有一點小小的技藝，平常人可能還見不到呢！」

說完，賣油翁便拿出一只葫蘆和一枚銅錢，把銅錢擺在葫蘆嘴上，然後舀了一勺油，對著銅錢上的小洞，準備把油倒進葫蘆裡。眾人不知賣油翁葫蘆裡賣的是什麼藥，都聚精會神地看著。

只見一道細得像線一般的油柱，輕輕滑落進葫蘆裡。老人倒完後說：「現在，我把油倒完了，可是這銅錢上卻連一滴油也沒沾上。」

一個年輕人搶先跑上前去拿起銅錢摸了又摸，看了又看，驚嘆道：「眞的一滴油也沒有沾上啊！」

眾人發出讚嘆聲，老人謙虛地說：「沒什麼，只不過熟能生巧罷了。」

陳堯咨在一旁看得目瞪口呆，說不出一句話來。

從此之後，他收斂了自己的傲氣，更加勤奮練習，最後終於成爲一位名副其實的神箭手，而且變得非常謙虛，不再那麼狂妄了。

世界上的人口有六十億人，每個人有各自不同的才能與天分，或許有的人對於唸書、研究學問方面較爲擅長，最後成了教授或學者；或許有的人對於音樂或美術較感興趣，最後成了藝術家。

每個人的人生路途並不相同，但是才能與天分本身並沒有貴賤之別，如果我們的眼光只放在極爲窄小的領域裡，只滿足於自己所認定的評判標準，這樣的生命是非常狹隘的。

就像賣油郎與神箭手之間，在技藝方面的成就並沒有什麼不同，但神箭手受到許多人的讚賞與掌聲，便飄飄然自認爲了不起，恃才傲物，目空一切。只不過，事實的確也如同賣油郎所說，不都是熟能生巧而已，他們兩人之間又有什麼不同呢？

因此，當我們被周圍的掌聲與肯定淹沒，因而得意洋洋的時候，不妨想想賣油郎的這句話：「不過是熟能生巧罷了。」

我們所得到的成功，眞的比其他人更高尙、更有價値嗎？或者其實我們也只是做順了、做熟了，如此而已？

我們應該做的，是更謙虛地審視自己目前爲止的成就，讓自己能以更宏大的角度精益求精！

嘲笑別人之前先看看自己

對他人的缺點放大處理，並加以嘲弄取笑，那自己又如何呢?不就正像那逃跑了五十步卻笑逃跑一百步的士兵一樣嗎?

有句話說：「嚴以律己，寬以待人。」意思是，要以較高的標準要求自己，至於對別人的評判，則要用比較寬鬆、圓融的態度來處理。這樣一來，自己才能更加精進，也比較容易看到別人的優點，向他人學習自己不足之處。

不過，現實生活中有許多人恰好背道而行，寬以律己，嚴以待人，還一味抱怨別人為什麼都不了解自己的一片苦心。

戰國時代的梁惠王喜好與鄰國打仗，常常大動干戈，百姓苦不堪言。

有一次梁惠王召見孟子，問道：「我對於國家的治理，可說盡心盡力。比如，如果河西發生災荒，收成不好，我就把那裡的一部分老百姓遷移到收成較好的河東去，並把河東地區的一部分糧食運到河西來，這樣就不至於使河西地區的老百姓在災荒時期因糧食短缺而餓死。如果河東遇上災年，糧食歉收，我也會採取同樣的做法，把其他地方的糧食調運到河東，解決老百姓的燃眉之急。當然，我也十分注意鄰國當政者的做法，看他們是如何爲老百姓排憂解難的，但至今我沒有發現哪一個國君能像我這樣盡心盡力替老百姓著想。然而，讓我感到吃驚的是，目前爲止，鄰國的百姓沒有減少，我國的百姓也沒有增多，這究竟是什麼原因造成的呢？」

孟子回答說：「既然大王喜歡打仗，我就用打仗來打個比方吧。戰場上，兩軍對壘，戰鬥一開始，戰鼓咚咚作響，作戰雙方都士氣飽滿，兩方短兵相接，奮勇殺敵。然而，經過一場激烈的拚殺後，雙方由於士兵體力的消長、作戰指揮的得當與否、天時地利的優劣不同而出現了明顯的勝敗跡象。這時，勝方士兵必定會乘勝追擊，窮追猛打，欲置對方於死地，而敗方士兵見已無取勝把握，爲不至於戰死或者就擒，便只能謀求保命了，於是有人丟盔棄甲，拖著兵器逃跑。在逃跑的士兵中，有的跑得很快，跑了一百步才停下來了；有的跑得慢，跑了五十步便停下來了。這時，跑得慢的士兵就會嘲笑那些跑了一百步的士兵是膽小鬼，您認爲這種嘲笑是對的嗎？」

梁惠王說：「當然不對，他們只不過沒有跑得那麼快罷了，但是這同樣也是臨陣脫逃啊！」

孟子說：「大王如果明白了箇中道理，那麼就無須再希望您的國家的老百姓要比鄰國多了。」

孟子的話說得有些婉轉，事實上，像梁惠王這樣頻頻發動戰爭導致生靈塗炭的人，是沒有什麼資格談愛民的，他那些對災民的種種體貼措施所挽救的生命，恐怕還遠不及發動戰爭而送命的冤魂。

梁惠王卻不明白這一點，以爲對荒災居民的德政就已經値得受到人民愛戴，卻完全不認爲兵禍之災會影響人民的生活，實在太天眞了。

對於自己的行爲沒有自知之明，是這類人最常犯的毛病。他們可能可以看見他人細如蠅頭的錯誤，卻看不見自己的缺失。對他人的缺點放大處理，並加以嘲弄取笑，那自己又如何呢？不就正像那逃跑了五十步卻笑逃跑一百步的士兵一樣嗎？憑什麼自認爲比他人高明呢？

煩惱太多只會影響正常生活

自己現在煩惱到睡不著的狀況，是多麼的愚蠢！千萬別讓很久以後的事或是不知道會不會發生的事影響了你的生活。

想必大家都聽過「杞人憂天」的故事，這個故事之所以能流傳至今仍然經常被援引，正是因爲它生動地描繪出了自己或是身邊某些人，對於生命與生活過分憂心，甚至到了胡思亂想的地步。

不過，「杞人憂天」傻歸傻，故事中的杞人還算有一些滑稽的可愛之處，但接下來這個陶邱休妻的故事，可眞教人哭笑不得了。

有一個叫陶邱的人住在平原郡，娶了渤海郡墨台氏的女兒做妻子。這位女子不但容貌十分美麗，而且很有才華，爲人溫柔賢慧，親戚鄰居沒有不稱讚和羨慕的。陶邱也感到心滿意足，一家人過得十分幸福。

一年後，他們生了個兒子，家庭更是完美無缺、幸福美滿。

有一天，妻子對丈夫說：「嫁到你家的這一年多來，我從沒回過一次娘家，我很想念母親和娘家的人，我們是不是擇日回一趟娘家，順便也把孩子帶給他們瞧瞧？」

丈夫想了想說：「也是，應該去見見岳父岳母。」

於是，他們選了個日子，僱了輛馬車，一家三口風塵僕僕地到了渤海郡。

到了墨台氏家裡，娘家人見了女兒、女婿和小外孫，看到他們身體健康、生活美滿都非常高興，於是殺雞宰羊、熱情款待。岳母丁氏已是七十多歲的老婦人，自然行動遲緩、步履蹣跚，滿臉皺紋交錯，說話也不靈巧。岳母上前見過女婿後，因身體不適便回房休息去了。

在渤海郡待了幾天後，陶邱帶著妻子和兒子回家。但是才剛剛回到家，陶邱就把妻子休了。

妻子感到十分詫異，不明其中原由，於是便問丈夫：「不知我有什麼過錯，夫君爲何要休我？」

陶邱滿腹牢騷地說：「前幾天到妳家去，見了妳母親眞教我傷心！妳看她年老力衰，滿臉老氣，實在不能與過去相比。看到她，我擔心妳老了以後也會變成這副模樣，所以倒不如現在就先把妳休了。」

妻子聽後，哭笑不得。

後來，親戚和鄰居知道了這件事，無不罵陶邱愚蠢至極，因爲怕年老竟然提出休妻，實在是一大奇聞。

古代女子只有單方面被休的權利，這個故事若是發生在現代，恐怕陶邱會被妻子與婦女團體一狀告上法院吧。女性的價值難道只有年輕與貌美嗎？很不幸地，現在恐怕還是有許多「現代陶邱」都做如是想！

即使不談這個，爲了怕五十年後妻子老去、風華不再，竟放棄現在甜蜜的生活，陶邱的憂慮實在比杞人更難讓人理解。誰知道五十年後會怎樣呢？說不定陶邱根本已不在世上了，而且在這五十年中，陶邱一家人本來可以度過的美好時光，也因爲他的愚昧而消失無蹤了。

誰不會老？難道陶邱以爲自己會永遠年輕，才因而無法忍受妻子的衰老嗎？陶邱這樣做，更令人懷疑他對妻子的愛究竟有多深，一點也無法通過時間的考驗。

不過，也別忙著批評陶邱的行爲，爲一件將來未必會發生的事而憂心忡忡、東想西想，這可不是陶邱的專利。

如果你也常常想太多、想太遠，因而爲自己增添了不必要的困擾，甚至讓自己做出錯誤的決定，那麼，想想陶邱的故事吧！你就會知道自己現在煩惱到睡不著的狀況，是多麼的愚蠢！千萬別讓很久以後的事或是不知道會不會發生的事影響了你的生活。

何必把自己當成池中魚？

我們生活的世界不是池塘，我們的命運也不註定和池中之魚一樣，我們可以活得更有意義，更有價值。

人類常常自詡爲萬物之靈，是支配這個世界的掌權者，總是以爲地球因爲人類而轉動，世界爲自己而存在。

身爲人類的我們，總是用自己的眼光去看周遭，常常忽略了其實可以換一個想法，用更宏觀的角度來觀察我們所生活的這個世界，想想看，這樣做能不能帶給我們一點啓發？

有個漁夫，在一個很大的池塘裡放養了很多的魚苗。

這些魚苗一天天長大，到了可以上市的時候，漁夫便每天來魚塘撒網捕魚，然後拿到市場上去賣。

一天，漁夫又來到魚塘邊捕魚。他整理好漁網，把網沉入水底，坐在池邊一邊抽煙，一邊耐心地等候魚進網。

過了一會兒，漁夫準備起網，先把兩邊的網繩收攏好，然後慢慢地提起網來，漁網的繩邊要高出一些在水面上，免得網裡的魚漏出來。漁夫把漁網的網口越收越小，網裡的魚受到驚嚇，在網裡驚惶失措地又蹦又跳。

漁夫看著網邊的魚不住地跳動著，蹦得好高，有的魚拚足了勁蹦了出去，有的魚卻無論如何也蹦不出去，更有倒楣的魚竟從網外蹦進網裡。

漁夫看著看著，忽然想到這魚豈不如同人類一樣，有著不可預測的命運。

比如那些拚足了勁兒蹦出去的魚，會怎麼想呢？也許牠們會想：「謝天謝地，最後總算逃出來了，否則，就命在旦夕了。」而那些沒有蹦出來的魚會怎麼想呢？也許正抱怨自己命運不好呢！

最殘酷的是那些從網的外邊蹦進網裡的魚，一定悔恨地哭泣：「我爲什麼這麼傻，爲什麼遇到事情就慌手慌腳，結果自投羅網？誰都不能怨，只能怪自己太笨了。」

漁夫一邊想，一邊竟然忘記了手裡的網。在他的眼裡，網裡網外的魚早晚都要被捕上來，然後賣掉。漁夫忽然想到，如果魚知道了人的想法，該多絕望啊！也許牠們再也不想蹦來蹦去，因爲等待牠們的是同樣的命運啊！

如果把地球視爲池塘，把人看成池中之魚，在這個大千世界生活的人們當然與這些魚沒有什麼差別。

那些蹦進網裡的魚的悔恨，我們一定也曾經嚐到過。更令人驚訝的是，其實我們很可能就像這些魚一般，爲了網裡網外的生與死，爲了網裡網外的幸與不幸，痛哭過、狂喜過。

如果不明瞭存在的意義和價值，那些成功的、得意的、平步青雲的人們，與那些失敗的、憔悴的、時運不濟的人們，又有什麼不同呢？換一個角度來看，其中的差別，不就是網裡的魚與網外的魚而已嗎？

但是，我們生活的世界不是池塘，我們的命運也不註定和池中之魚一樣，我們可以活得更有意義，更有價值。

面對短暫的人生，有的人不去好好實踐自己的理想，印證自己存在的價值，一味耽溺於物質世界的享樂，爲了爭奪功名利祿弄得身心交瘁，這樣想來，可眞是不值啊！

把握現有的時光，快樂地追求自己的夢想，別再渾渾噩噩地當任人宰割的池中魚，這應該是漁夫給我們的最好啓示吧！

用更宏觀的視野看待世界

在這個天涯若比鄰的時代，我們都有相同的機會接觸到世界的廣闊，能用更宏觀的視野來看待這個變動不息的地球。

常有人說：「一個人的氣度，決定他的高度。」

這句話是說，如果一個人能有廣闊的胸襟與眼光，那麼他看到的世界就更寬廣，所能達到的成就，將會比其他眼界狹隘的人來得更大更高。爲什麼會如此呢？那是因爲他們的思維透過視野，和變動的世界產生聯結。

有一隻青蛙住在淺井裡，覺得這裡是世界上最美好的地方。有天，牠對住在東海裡的大鱉說：「你來看我多快活啊！我想到井外，就在井台上跳來跳去；回到井裡，就在井壁的洞裡休息休息；要是跳到水裡，水就挨著我的胳肢窩，托著我的下巴；有時踩在泥裡，泥土淹沒了我的腳，漫過了我的腳背。我向四周一看，那些小蟲、螃蟹、蝌蚪，哪一個比得過我啊！除了有時候沒雨會比較乾枯之外，這裡什麼都好極了！要是能像我這樣，獨自佔有這一處淺水，悠閒自在，伸開腿就能享用這裡的一切，這不是快活到了極點嗎？您爲什麼不經常到我這裡參觀參觀呢？」

東海的大鱉聽了，準備到井裡參觀一下。

誰知牠的左腳還沒有邁進去，右腿就被井台上的欄杆絆倒了，不得不慢慢退回原處。

大鱉就向這隻井底之蛙描述起東海的景象。

牠說：「東海太大了！即使用千里之遠，也不足以形容它的廣闊；即使用千仞之高，也不足以描述它的深度。夏禹的時候，十年有九年發大水，海水並不會顯得增加；商湯的時候，八年有九年鬧旱災，海水也沒有因此而減少。那無邊無際的大海，不會因時間的推移而變化，也不會因雨水的多少而增減。生活在海水裡，才是最大的快樂呢！」

淺井裡的青蛙聽了大鱉的介紹，內心十分慚愧，不由得睜圓眼睛，侷促不安起來。究竟東海是什麼樣子，牠從來也沒有見過，一面想一面覺得自己實在是太藐小了！

故事裡的青蛙其實既是幸福的，也是可悲的。

如果牠能認命地繼續享受屬於牠的那一口井中天地，或許也可以過著滿足的日子，開心地生活，然而，與大鱉對話之後，只怕從此牠會不停地想著那一席話，再也不覺得這井中的生活有多麼美妙了。

又或者，因爲牠從來也沒有機會去看看東海，可能到最後會懷疑：是不是眞的有這樣的地方？那大鱉會不會是騙自己的？

一個人的一生，可能讀破萬卷書，可能踏破萬里路，也可能始終蝸居在小小的城鎮中，食衣住行與活動範圍脫不出身邊的小小天地，但這又有什麼關係呢？知名的昆蟲學家法布爾不就如此嗎？

更進一步來說，不論我們居住的地方在哪裡，在這個天涯若比鄰的時代，只要能透過各式各樣的聯結，我們都有相同的機會接觸到世界的廣闊，能用更宏觀的視野來看待這個變動不息的地球。

如果我們能這樣做，那麼相信我們就不會認爲自己是孤獨的，當眼界突破了國家與社會的疆域，便能在不同的種族、不同的時代、不同的人群當中尋找到生命的解答。

不要被虛幻的外表迷惑

外表的美麗容易消逝，容易改變，但人們總是容易被這些虛幻的外表迷惑，甚至竭盡所能想更接近它們。

人們的眼光總是注目在那些光輝燦爛、美麗又漂亮的東西上，擁有炫目外表的人、事、物，總能夠得到大家的注意。

相較之下，那些既不起眼、又不擅長自我標榜，只懂得默默以自己的步調過日子的人，總是無法引起他人欽羨的目光。

不過，我們應該用比較長的時間刻度，來看待這些人與事。

很久以前的一個春天，農人把一棵地瓜秧和一株蘆根同時埋到了地裡。

過了幾天，蘆葦綠皮黃心的幼芽，像錐子鑽出了地面。它看見埋在身邊的地瓜秧子，軟綿綿的連腰也直不起來，覺得很可憐，不由得說道：「地瓜大哥，要不要幫幫你啊？別看我現在沒你高，沒幾天就會超過你的。」

地瓜秧聽了，謙虛地說：「多謝你的關心，我一定會努力追趕你的。」

半個月以後，蘆葦長到一尺多高了。地瓜秧雖然也長了一些，但因爲它緊貼著地表，和蘆葦相比，反而顯得越來越矮。蘆葦這時已長出了葉子，更是驕傲，看到身邊的地瓜秧，連一聲大哥也不願叫了。微風吹來，蘆葦抖抖身子，就說：「地瓜，你看我長得多高呀！你卻越長越沒出息了呢！」

地瓜很誠懇地說：「蘆葦老弟，我們要求實在，莫求虛榮，指望將來能夠給人們出些力。你年紀輕輕，太驕氣了，可沒什麼好處啊！」

蘆葦對地瓜的相勸，不但聽不進去，反而越來越高傲了。六月裡，它已經長到了五、六尺，涼風吹來，迎風搖曳的它更是得意洋洋，又去挖苦地瓜：「老兄啊，看我日子過得有聲有色多威武。唉！你怎麼越長越窩囊？」

善於忍讓的地瓜只是說：「不要說長道短了。以後，看看人們喜歡誰，誰就是好樣的。」

蘆葦越長越高，蓬蓬的大葉，紫紅的花穗，人們來來去去總要誇它兩句。

這時，蘆葦更加神氣，於是越長心越空，花也越開越輕薄，就連葦稈也變得越來越脆了。

地瓜在地裡被孩子們踩來踩去，心裡雖然有些難過，可是並不灰心，總是自言自語地說：「不管怎麼樣，我還是要繼續努力，人們總不會光看樣子不看果實的！」於是，它在泥裡長得更加起勁了。

深秋了，農人扛著大鋤頭下地來，一鋤頭刨起了蘆葦根，還是跟以前栽種的時候一樣大小；再看蘆葦稈，又空又脆；摸摸葦穗，全是茸毛！農人於是惡狠狠地罵道：「一年到頭白費勁，以後再也不種蘆葦了。」

說罷，隨手就把蘆葦刨到水坑裡去了。

農人又掄起大鋤去刨地瓜。胖嘟嘟的大地瓜真討人喜歡，農人臉上堆滿了笑容說：「地瓜能吃，以後年年種。」

從此，人們年年種地瓜，而蘆葦呢，只能自生自滅長在水坑裡。

外表的美麗容易消逝，容易改變，難以維持長久，而且常常是沒有實際用處的。但人們總是容易被這些虛幻的外表迷惑，甚至竭盡所能想更接近它們。少有人能在這樣熱烈卻近乎盲目的追求中反思：即使將美麗的東西捉在手中了，卻又如何呢？

相反的，地瓜雖然始終不起眼地默默生長，但在平凡又樸實的外表下，卻有著飽滿而結實的內在。雖然可能要遲上一些才能被人發現它的好處，但是絕對能以豐富的內容得到持續的肯定。

這不單是地瓜與蘆葦的不同，也好像是夏夜的煙火與蚊香，一樣都是燃燒著自己的生命，但它們其中一個只擁有短暫又虛幻的燦爛，一個卻能長長久久地爲人們做出貢獻。你，願意做哪一個呢？

徒具形式的禮儀沒有意義

應該多多思考這些舉動之所以流傳的原因，多多思考要如何做，才能真正讓這些行為背後蘊含的意義突顯出來。

許多人常把「行善積德」掛在嘴邊，勸人多做好事，多積德行善。有的人眞心行善，例如每到災荒期間，有些家裡比較富裕的人家，會開倉捐米賑災，使那些飢寒交迫的災民免於苦難，此爲積德之舉。

相對的，也有人的善行只是一種形式，例如將魚、龜放回到江河湖海，將鳥雀放飛到山林之中，美其名爲「放生」，自認爲行善積德，卻間接蹂躪、殘害生靈而不自知。

春秋末年，晉國朝政田勢焰薰天的大臣趙簡子把持。

趙簡子非常喜歡在大年初一這天放生，以顯示自己愛護生靈，每到過年時就下令，要老百姓替他捕捉斑鳩並送到他的府中，讓他在大年初一這天「行善積德」，放斑鳩回到大自然。大年初一這天，凡是進獻斑鳩的百姓都能夠破例走進趙簡子的府邸，趙簡子也會發給每個進獻者相當優厚的賞賜，所以這天去趙府進獻斑鳩的人絡繹不絕。

有一次，趙簡子的一位門客在一旁站了很久，問他爲什麼要這樣做，趙簡子回答說：「大年初一放生，表示我對生靈的愛護，有仁慈之心嘛！」

門客聽後接著說：「您對生靈有如此的仁慈之心，當然難能可貴。但不知大人您想過沒有，如果全國的老百姓知道大人您要拿斑鳩去放生，便會爭先恐後地大肆捕捉斑鳩，這樣做造成死傷的斑鳩必然將不計其數！像現在，您獎勵老百姓捕捉這麼多的斑鳩送給您，然後再把捕捉到的斑鳩放生，那麼大人您認爲這樣做能達到保護斑鳩、釋放生靈的作用嗎？是不是您對斑鳩的仁慈還不能抵償人們對牠們的殘害呢？在下看來，如果眞的要愛護生靈，想救斑鳩一命，不如下道命令，禁止捕捉斑鳩。」

趙簡子聽了門客的一席話，背著雙手在府門裡踱來踱去，仔細地思考了一陣子，然後默默地點了點頭說：「對的。」

像趙簡子這樣的行徑，即使到了現代仍然時有所聞，新聞中也常見整籠整籠的所謂「放生鳥」或「放生烏龜」被載到法會的現場，爲人們的「愛心」做見證，眞是一大諷刺。

事實上，這樣的動作，只是徒具形式的僞善罷了。

要愛動物什麼時候不能愛？要幫助牠們什麼時候不能幫助？非得要等到法會的時候才放生嗎？

除此之外，將一些沒有野外求生能力的動物野放到戶外，對牠們眞的是好的嗎？

這樣的「仁慈」未免太殘酷了。

我們常常會分不清事情的眞正意涵，注重的只有形式上的樣子，因循苟且，只爲求一個心安理得，卻忘記思考這些舉動背後最原始的意義應該是什麼。

不止是放生的行爲，其他許許多多社會上的禮儀與風俗流傳到現在，都淪落爲徒具形式的舉動。

應該多多思考這些舉動之所以流傳的原因，多多思考要如何做，才能眞正讓這些行爲背後蘊含的意義突顯出來。

毫不思索地全盤模仿，能發揮任何作用嗎？

變質的讚美顯得虛偽

要讚美別人，一定要出於真心，若是為了利益的交換，為了拍馬屁，那麼人格的高低也就一覽無遺了。

在人與人的社交場合中，我們常常會看到一些人八面玲瓏、口若懸河，交際手腕非常高明。這樣的人，總是能在各種公開場所，爲各種「重要」人物戴上一頂頂的高帽子。

當然，應該給予掌聲的時候我們不應吝惜，但是當讚美變成一種利益交換的手段，它的意義也就變質了。

有位姓張的先生，家裡新添置了一張床。這張床非常漂亮，床頭有精美的木雕的圖案，床尾有細緻好看的花紋，擺在臥室裡爲臥室增添了不少光彩。

張先生有一個嗜好，就是特別喜歡聽人恭維，更自覺自己的東西都是最好的。這次既然買了一張如此漂亮的床，當然不會放棄聽人恭維的好機會，迫切希望別人能夠看到這張床，誇獎他的床。

可是，床已經買好幾天了，盼來盼去，這幾天都沒什麼人到家裡做客，也沒有聽到任何恭維的話。

張先生思前想後，決定自行通知親朋好友來家裡做客，好藉此機會炫耀一下自己新買的床。

可是，轉念一想，似乎有些不妥，因爲家裡來了客人，都是在前廳接待，怎麼能看到臥室裡的床呢？

想來想去，張先生還眞想出一個辦法來，那就是佯裝生病。這麼一來，凡來探望的親朋好友豈不都要到臥室坐一坐？如此，便可以達到目的了。

張先生於是病臥在床，家人遵囑轉告了幾位親朋好友，說張先生有病在床，不能前去拜望，但因十分想念親友，希望他們有空過來坐坐。

聽到好朋友臥病在床，一位姓王的老朋友馬上前去探望張先生。王先生剛好新買了一雙鞋，質地很好，樣子也很新穎，於是穿著這雙新鞋去張家拜訪，想趁機向張先生炫耀一番，讓張先生誇誇自己的新鞋。

王先生到了張先生家，被引到臥室去見張先生。

王先生問候過張先生，便到坐凳旁坐了下來。爲了讓張先生看到自己的新鞋，他故意把衣服拉動了一下，再把一隻腿擱到另一隻腿上，這樣翹著腳，更容易讓張先生看到鞋。

坐下之後，彼此都說了些客套話，王先生當然噓寒問暖一番，但談論的中心不一會兒就轉移了。

兩個人的注意力開始放在自己身上，一個人想著如何讓對方誇獎自己的床，一個人想著對方怎麼還沒有看到自己的新鞋呢？根本沒有注意到對方的變化，雙方都很著急，但還是在等待著對方誇讚。

就這樣持續了一陣子，張先生只好開始採取行動了。

只見他拍拍床，對王先生客氣地說：「先生請坐近一點，坐到床上來吧，這是我新添置的床，你看如何？」

王先生心領神會，這會兒才轉過神來，連聲稱讚，不斷叫絕。他邊誇床好，邊指著自己的鞋說：「新東西就是不一樣，你看我這雙新買的鞋，質地優良，樣式新穎，也不錯吧！」

兩人都懷著一樣的心思，自然相互理解，於是，兩人都如彼此所願，向對方吹捧了一番。

張先生與王先生對彼此的讚賞豈是誠心的話語呢？其實，不過是滿足自己的虛榮心罷了。這點從兩人會面一開始就一心只想讓對方發現自己的新床、新鞋，卻壓根沒去留意對方的改變便可以發現到。

他們之間的吹捧，無疑是互取所需的交換！

這樣的場景並不陌生，我們也常見到一些言不由衷的互吹互捧，旁邊或台下的人聽得暗暗爲他們臉紅，但是當事人可不在意，說者與被捧的人都一副飄飄然的樣子，看了實在令人難受。

做人還是以誠懇爲上，如果要讚美別人，一定要出於眞心，若是爲了利益交換而言不由衷，爲了拍馬屁而誇讚對方，那麼我們人格的高低也就一覽無遺了，旁人雖然未必會把批評話說出口，但是在他們心底，早已經爲我們的人品打下了分數。

用幽默的方法，扭轉對方的想法

Humorous way to say your opinion

想讓對方改變想法，**不一定要凶巴巴**

《罵人不必帶髒字》系列暢銷作家

文彥博 編著

激勵作家約瑟夫．紐頓曾經寫道：

「化解矛盾的最有效方法就是幽默。只要適時運用幽默的方法，就能避免彼此爭論、對立，而且可以使對方瞬間恍然大悟，理解自己犯下的錯誤。」

想要改變對方的想法，就要使用幽默的方法。幽默是最強大的征服力量，既可以讓對方卸下原有的心防，也可以緩和潤原本僵持對立的氣氛。

面對別人的反對、質疑或批評，與其激烈爭辯或惡言相向，倒不如選擇輕鬆因應，用幽默的方法表達自己的看法，唯有如此，才能使對方打從內心改變那些錯誤的想法。

用讚美的方式表達自己的意思

懂得讚美，效果會增加好幾倍

Praise them, the effects will increase several times

美國心理學家威廉．詹姆斯曾說：

「人類本性最深的企圖，就是期望被讚美、欽佩、尊重。」

確實如此，
人性的最大弱點，就是內心深處都渴望受到讚揚、吹捧、敬重，因此，溝通、交涉、談判的時候，必須妥善運用這項弱點。

尖銳的言語和嚴厲的口氣，只會讓對方產生逆反心理，當你想和對方交流或是表達自己的意見時，千萬不要採取這種愚蠢的方式，而要先透過適度的讚美緩和氣氛，等對方卸下心防之後，再適時出自己的看法。

陶然 編著

智謀經典

28

厚黑學完全使用手冊：處世智慧篇

作　　者　王　照
社　　長　陳維都
藝術總監　黃聖文
編輯總監　王　凌
出 版 者　普天出版家族有限公司
新北市汐止區忠二街 6 巷 15 號
TEL / (02) 26435033 (代表號)
FAX / (02) 26486465
E-mail：asia.books@msa.hinet.net
http://www.popu.com.tw/
郵政劃撥 19091443 陳維都帳戶
總 經 銷　旭昇圖書有限公司
新北市中和區中山路二段 352 號 2F
TEL / (02) 22451480 (代表號)
FAX / (02) 22451479
E-mail：s1686688@ms31.hinet.net
法律顧問　西華律師事務所・黃憲男律師
電腦排版　巨新電腦排版有限公司
印製裝訂　久裕印刷事業有限公司
出 版 日　2020 (民 109) 年 6 月第 1 版
ISBN◉978-986-389-726-2　　條碼 9789863897262

國家圖書館出版品預行編目資料

厚黑學完全使用手冊：處世智慧篇／
王照著.—第 1 版.—：新北市,普天出版
民 109.06 面；公分. - (智謀經典；28)
ISBN◉978-986-389-726-2 (平裝)

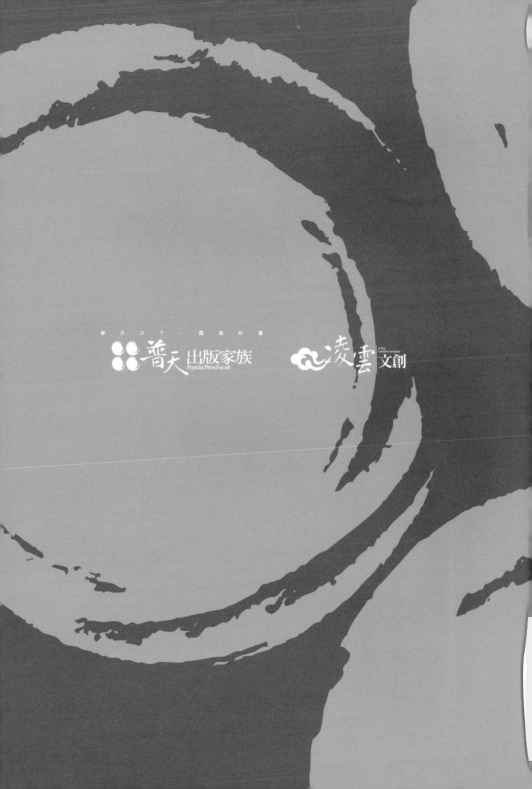